# Schöne Bescherung

Hrsg. Regina Frischholz



Wendepunkt Verlag

# Schöne Bescherung

Wendepunkt Verlag
Hrsg. Regina Frischholz

1. Auflage November 2006



Herausgeberin: Regina Frischholz, 92637 Weiden, Schmidbühl 38
Illustrationen: Sonja Bartl, Judith Frischholz, Helmut Gallitzdörfer, Yvonne Habenicht, Mareike Spitzner
Titelbild: Helmut Gallitzdörfer, 92637 Weiden
Gesamtherstellung: Wendepunkt Verlag, 92637 Weiden, Hebbelstr. 6
Tel. Nr. 0961/45783, www.wendepunktverlag.de

ISBN: 3-938728-24-8

# Inhalt

# Advent, Advent, ein jeder rennt
# Stille Zeit? Besinnlichkeit?

Ursula Hörtig-Votteler

Bin heute wieder durch den Supermarkt gehetzt, nichts vergessen fürs Wochenende, trotzdem pünktlich 12 Uhr am Kindergarten! Mit dem Zuschlagen der Autotür zeitgleich öffnet sich die Eingangstür und eine wilde Horde Mädchen und Jungs stürmen heraus. „Mama, Mama stell dir vor, der Till hat mir erzählt, er bekommt zu Weihnachten eine Rennmaus. Mama, will ich auch eine!“ Viel gelassener, da zwei Jahre älter und fast Schulkind muss ja irgendwie durch Ruhe demonstriert werden, kommt unser Großer mit dem Kommentar: „Der will doch immer sofort das Gleiche haben. Es gibt doch so viel Schöneres! Zum Beispiel: Fische.“ „Bist du blöd, die kann man doch gar nicht streicheln und schmusen kann man mit denen auch nicht!“ Da wäre nun das Streitgespräch für den Heimweg auch gefunden. Es half nur noch, um etwas Ruhe zu gewinnen, die Drohung, dass sie heimlaufen müssen, falls die Streiterei nicht beendet wird. Schließlich brauche ich meine Nerven fürs Auto fahren!!! Gemeinsam, jeder im Rahmen seiner Möglichkeiten, wird der Kofferraum geleert und die Einkäufe ins Haus verfrachtet, nicht ohne die paar Krümel Schnee, die noch von gestern im Vorgarten zu finden waren, zu Schnee-Erd-Bällen zusammen zu quetschen und sich gegenseitig zu bombardieren, bis ich „Rabenmutter“ ganz autoritär ein Ende setzte. Dann kommt schon der nächste Kommentar: „Nichts darf man und außerdem hab’ ich ganz schrecklichen Hunger!“ „Ja ja, ich habe auch nur zwei Hände und einen Kopf. Nun wascht ihr euch auch mal die Hände und deckt den Tisch.“ Die Nudeln und der Rest Hackfleischsoße von gestern, zum Glück das Leibgericht von beiden, war schnell aufgekocht und es gab, wie so oft, eine gefräßige Stille. Ganz froh war ich dann, dass am Nachmittag die Kindergruppe der Kirche mit Basteln und Spielen auf dem Plan stand, so konnte ich mal ein paar Minütchen ausruhen und mit dem Einpacken der

Weihnachtsgeschenke beginnen. Die Plätzchen waren alle gebacken und gut versteckt im Wohnzimmerschrank, die Weihnachtspost auch weitestgehend auf dem Weg! Manchmal kommt mir dann schon der Gedanke: Muss das sein? Es ist doch eigentlich das Fest der Liebe, Ruhe und Besinnlichkeit.

Stunden später, nach dem Abendessen und „Bett-geh-Ritual" mit Vorlesen, Beten und mindestens zwei mal „Durst haben" war es im Kinderzimmer still geworden und ich konnte mit meinem Mann, der für heute Abend mal „Karriere-Pause" macht, die restlichen Geschenke und die Planung der Feiertage durchsprechen. Die Idee mit der „Rennmaus" fand er übrigens absolute Spitze! Meinem Veto - er kannte meine abgrundtiefe Abneigung gegen Mäuse - wurde stattgegeben. Wir beschlossen dann, ein Hamster-Pärchen zu erstehen. Endlich, lang ersehnt, war der Heilige Abend da, die Omas vom Bahnhof abgeholt und das verschlossene „Weihnachtszimmer" vom Christkind besetzt. Verflixt, wer hat denn schon wieder den Wohnzimmerschrank offen gelassen? Die Weihnachtsplätzchen werden ganz schön „stauben", wenn sie ständig der warmen Zimmerluft ausgesetzt sind! Festlich angezogen und ziemlich nervös ging es dann zum Kirchgang in den Nachmittags-Gottesdienst. Hinterher wird das Christkind bestimmt alles zur Bescherung fertig haben. Ein schönes Fest kündigt sich an, denn während des kinderfreundlichen Gottesdienstes hat es doch tatsächlich angefangen zu schneien! Ziemlich matschig, aber immerhin.

Das Weihnachtszimmer war tatsächlich nicht mehr abgeschlossen und die Jacken noch nie so schnell auf dem Kleiderbügel wie heute. Dann die große Überraschung: Ein Käfig! „Juhu", brüllte der Jüngste, „doch eine Rennmaus vom Christkind." Mein Mann und ich schauten uns verständnislos an. Wieso Rennmaus, wir hatten uns doch für das Hamster-Pärchen entschieden?! Doch der Käfig war leer! Fragen über Fragen. Wie kamen die Tiere aus dem Käfig heraus und vor allem, wo haben sie sich versteckt? Statt weiterem Geschenkaustausch gingen wir alle auf „Hamstersuche".

Ziemlich erfolglos! Da hatte eine der Omas eine gute Idee: „Nun macht halt mal ‘ne Pause und lasst uns ein paar Plätzchen essen und nachdenken, denn in der Ruhe liegt die Kraft.“ Die Weisheit des Alters hatte gesprochen. So ging ich zum Schrank um die schon vorbereitete Plätzchen Schüssel zu holen und, es trifft mich fast der Schlag ... Nie hätte ich gedacht, dass Hamster scharf auf Plätzchen sind. Doch eines steht fest, auf meinem Wunschzettel für nächstes Weihnachten steht bestimmt: „Nichts zum Streicheln“! Fische sind doch auch ganz liebenswerte und unterhaltsame Tierchen?

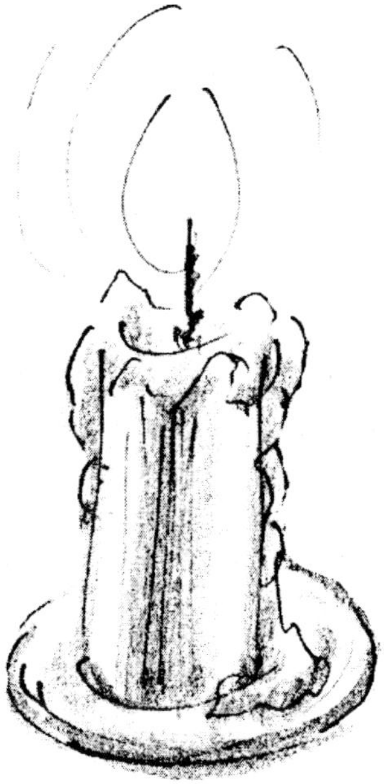

# Adventsengel

*Angela Gabel*

Adventsengel in großer Schar
die sind ab heute wieder da
bevölkern hier und überall
die Lande weit mit lautem Schall
so denken wir...doch weit gefehlt
ein echter Engel in der Welt
der ist ganz leis' und unscheinbar
ist in uns drin und für uns da
erscheint uns in dem Lichterglanz
als Windhauch seh'n wir ihn im Tanz
auch in dem Lächeln eines Fremden
kann er sich an uns mal wenden
im Trostwort eines guten Freundes
im Friedensgruße eines Feindes
er zeigt sich uns auf viele Art –
doch meistens leise und ganz zart

drum Augen auf und aufgepasst
dass du den Engel nicht verpasst

# Alle Jahre wieder...

*Silvia Pommerening*

Alle Jahre wieder...

kommt nicht nur die Weihnachtszeit, sondern auch eine immer wiederkehrende Diskussion mit meinem Sohn Luis, ob dreimal Kinderkarussell auf dem Weihnachtsmarkt fahren reicht, oder nicht. Mal abgesehen von den Preisen (1.50 pro Fahrt), die einem fast die Schuhe ausziehen, sollten auch die Kleinsten schon früh lernen, dass man gehen sollte, wenn's am schönsten ist. P.S.: Für den Preis könnte dieses Ding ruhig mehr als nur zehn Runden drehen, oder?
Wie gesagt, Luis, mein Junior war da gestern Nachmittag anderer Meinung. Er stand brüllend zwischen „Mickey Mouse", „Batmobil" und einer grünen Gans mit einem rosafarbenen Sattel und hielt sich krampfhaft an „Dumbos" Ohren fest: „Ich will aber noch nicht gehen!!!", schrie er lauter als die Sirene des Feuerwehrautos.
„Schatz, du bist doch jetzt schon fünf mal gefahren, es reicht für heute!", erklärte ich ihm. „Aber ich war doch noch nicht auf dem Motorrad!", schrie er mich an. „Dafür warst du aber im Ferrari, im „DFB-Fanbus" und in der sich drehenden Untertasse (oder was auch immer diese Schüssel in der Mitte sein sollte, bei deren Anblick mir schon übel wird)."
„Aber ich muss doch uhhhnbedingt noch auf das Motorrad!", versuchte er es erneut.
„TRÖT – Und wir starten zu einer neuen Runde!", kündete der krächzende Lautsprecher an, aus dem sonst ein Musik-Gulasch aus plärrendem Weihnachtssingsang „entzückender" Kinderstimmen, oder einer „Best of Nicki" quillt. Mir stellen sich bei beiden Varianten schon die Nackenhaare auf. Da hilft abends nur noch eine „Heavy Metal Platte" aus alten Zeiten, um diese schrecklichen Ohrwürmer wieder loszuwerden...
Sicher sind die Erzeuger dieser Stimmwunder stolz, wenn „Klein-Dieter" mit 20 weiteren Gören mit ihrem „Oberglöckchen Kinderchor" die erste

Platte aufgenommen hat. Wer wäre da nicht stolz???
(Wobei ich würde da eher die Luis-Version von „Sexbomb" vorziehen!)
Na ja, egal.
Ich stand gestern jedenfalls mit einem kreischenden Vierjährigen auf diesem dummen Karussell und versuchte seine kleinen Fingerchen von Dumbos Ohren zu lösen, damit die Fahrt endlich losgehen konnte - ohne uns, versteht sich! (1.50 !!! Und nach zehn Runden war's das, unverschämt!)

Eigentlich bin ich froh, das mein Sohn mittlerweile so alt ist, dass ich ihn ungetrost alleine fahren lassen kann. Noch vor zwei Jahren stand ich schwankend neben einem Kunststoffgaul und passte auf, dass mein Scheißerle während der Fahrt keinen Abgang machte. Hauptsächlich war ich jedoch damit beschäftigt zu beten! Ich betete zum lieben Magen-Gott!
„Bitte lieber Magen-Gott, lasse die Currywurst noch etwas bei dir!"
(Ich hielt es danach für angebracht, aus der Kirche auszutreten!)
Drehen sie sich mal zehn Runden auf engstem Raum im Kreis, untermalt von „Und los geht's!", „Ich bin der größte!", „Tatütata, die Feuerwehr ist da!" und einem Geräuschesalat aus „Hup", „Tröt" und „Rattawumm"... (die Glöckchen der drehenden Kloschüssel nicht zu vergessen), da müssten sie auch... äh, na sie wissen schon. Das war einfach zuviel des Guten.
Warum müssen die eigentlich immer so maßlos übertreiben, hätten es fünf Runden nicht auch getan?

Wenn man die Wurstpreise von heute bedenkt....

**<u>Anmerkungen von Silvia Pommerening zur Kurzgeschichte:</u>**

Fühlte sich da jemand angesprochen??? Ich wünsche trotzdem allen Karussellbetreibern, Wurststandbesitzern und Finanzbeamten ein fröhliches, weißes Weihnachtsfest...

Silvia

# Anrufe beim Weihnachtsmann

Margret Küllmar

„Hallo, hallo, hier spricht der kleine Tim,
es ist schon spät, ist das sehr schlimm?
Beim Frühstück ist mir etwas passiert,
Mamas Tasse zerbrach, das hat geklirrt.
Kannst du ihr eine neue bringen,
eine, auf der Englein singen?"

„Hallo, hallo hier spricht der Weihnachtsmann,
mir wird die Zeit knapp, aber ich komme dann."

„Hallo, hallo, hier ist schon wieder Tim,
Das ist gut, aber ist es denn sehr schlimm?
Heute, aus Versehen, beim Essen,
habe ich auf Papas neuer CD gesessen.
Kannst du ihm eine neue bringen,
eine, auf der Englein singen?"

„Hallo, hallo, hier spricht der Weihnachtsmann,
habe kaum noch eine CD, aber ich komme dann."

„Hallo, hallo, hier spricht der kleine Tim,
habe noch einen Wunsch, ist das sehr schlimm?
Vorhin habe ich Tante Brittas Schal zerrissen,
den wird sie übermorgen im Konzert vermissen.
Kannst du ihr einen neuen bringen,
sie will dort wie ein Englein singen?"

„Hallo, hallo, hier spricht der Weihnachtsmann,
einen Schal habe ich noch, ich komme dann.
Aber wenn du noch mal anrufst kleiner Tim,
weil wieder was kaputt geht, dann ist es schlimm.
Ich werde dir mal eine Rute bringen
und dann hörst du die Englein singen."

# Anti-Weihnachtsstress-Gedicht

Angela Gabel

ich hätte furchtbar viel zu tun
und keine Zeit, um auszuruhn
müsst' Karten schreiben, Plätzchen backen
den Boden säubern von den Flocken
die Fenster putzen, bis sie strahlen
Geschenke packen in großen Zahlen
anstatt am Telefon zu hängen
gäbs viele Dinge, die mich drängen
doch denke ich, es ist nicht richtig
zwar sind auch diese Dinge wichtig
doch will die Zeit ich sinnvoll nutzen
heißt das für mich nicht, ich muss putzen
muss für mich Wichtigkeiten setzen
und nicht nur durch die Gegend hetzen
denn sind die Fenster all geputzt
glaub ich nicht, dass das jemand nutzt
doch ein Gespräch mit einem Freund
der auch mal tröstet, wenn man weint
ist wichtiger als Staub und Dreck
seh darin meinen Lebenszweck
und Weihnachten fängt für mich an
wenn Liebe ich erfahren kann

*(aus dem Gedichtband „Mit einem Augenzwinkern“ von Angela Gabel, ISBN 3-939144-16-9, mit freundlicher Genehmigung des Engelsdorfer Verlages Leipzig und der Autorin)*

# Bange Frage

Lorenz Eyck

Alle Jahre wieder
kommt der Weihnachtsmann
und ich strenge meinen Grips
für ein Verslein an.
Heut' ist das Ergebnis mager
und der Reimgesang kein Schlager.
So frage ich mich immer wieder:
Schlägt das auf die Gaben nieder?

# Benno und die Tante

Heidrun Gemähling

Es stand ein schöner Weihnachtsbaum
in der Ecke im großen Raum,
und „Benno“ der Familienhund
wurd' unruhiger von Stund zu Stund,
denn es sollte kommen die Tante,
Ottilie, eine enge Verwandte,
die den Hund noch nie mochte,
und beim Anblick schon fast kochte.

Plötzlich ging die Türe auf,
das Drama nahm nun seinen Lauf,
die Tante schrie in hohen Tönen,
fing hysterisch an zu stöhnen,
weil sie Benno sah, den Hund,
zu der weihnachtlichen Stund'.

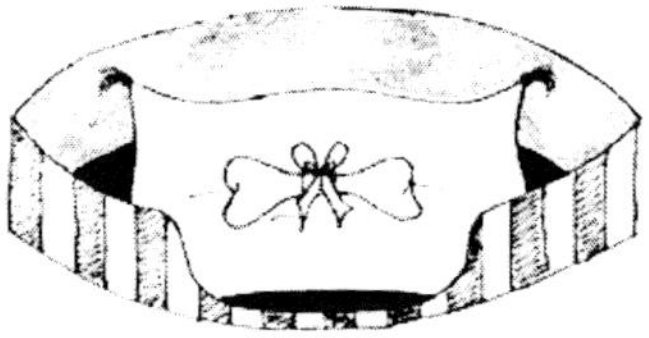

Dieser hatte es vernommen,
dass die Tante war gekommen,
schlich sich zu dem Weihnachtsbaum,
denn nun wurde wahr sein Traum,
riss herab sich dann Lametta,
Benno wurde immer netter,
brachte es der Tante zur Ehr,
stieß natürlich auf Gegenwehr.

Dieses wurde ihm jetzt zu bunt,
machte sich durch Bellen kund,
ließ die Tante rückwärts gehen,
sie wurde im Haus nie mehr gesehen.

# Bescherung

Dieter Christian Ochs

Die Nerven blank zu allerletzt

Wenn alle Menschen abgehetzt

Wenn Finger wund vom Päckchenpacken
Der Rücken krumm, die Därme zwacken

Wenn Füße brennen von dem Rennen
Die Kerzen dann am Baume brennen

Dann ist der Heiligabend da
So wie es wohl schon immer war

Und blick' entnervt ich an mir runter
Wird's Festtagshemd vom Rotwein bunter

Der Magen meldet: „Schotten dicht!"
Den Achselschweiß schafft's Deo nicht

Die Kinder rülpsen, schmieren, schmatzen
Der Hund fängt Kugeln mit den Tatzen

Die Katze hat sich übergeben
Und Oma geht, sich hinzulegen

Die Tante Ruth schaut auch mal rein
Und bricht sich schnell zum Fest ein Bein

Der Doktor kommt mit Weihnachtsfahne
Und futtert Stollen mit viel Sahne

Der Opa fuchtelt mit dem Stock
Und Mutter tritt sich auf den Rock

Klein-Lisa hat Likör stibitzt
Die Festtagsgans ist überhitzt

Die Plätzchen, die sind ohne Zucker
Dafür fliegt Lorchen auf die Butter

Und draußen in der Weihnachtsnacht
Hat's grad' ganz ordentlich gekracht

Dem Weihnachtsmann sind seine Brauen
Beim Parken ganz verrutscht mit Grauen

So ist's nun mal zum Weihnachtsfeste
Doch ich...ich wünsch' euch nur das Beste.

# Besuch am Weihnachtsmarkt

Ursula Geiger

Heute hat's so schön geschneit,
drum machte ich mich schnell bereit,
zu gehen auf den Weihnachtsmarkt,
das Auto blieb zu Haus geparkt.

So zog ich durch die Hüttengassen
und konnt es wirklich gar nicht fassen,
was alles da man kaufen kann.
Ich fing beim ersten Stand gleich an.

Dort gab es Punsch in rot und weiß,
zu einem wirklich fairen Preis.
Beim nächsten bot man Glühwein an,
auf den ich nicht verzichten kann.

Beim Dritten aß ich eine Wurst,
darauf bekam ich richtig Durst.
Den löschte ich mit einem Bier,
am Ende waren es dann vier.

Mit etwas wackeligem Schritt
bewegt' ich mich zur nächsten Hütt'.
Ein Schnäpschen hat die Wurst verdaut,
nur mich hatt's auf den Steiß gehaut.

„S`is die Glätte", konnt ich nur lallen
und bin darauf noch mal gefallen.
Der gute Mann in seinem Stand,
kam helfend zu mir angerannt.

Ein Gläschen Sekt das reicht er mir,
ich trank es aus in meiner Gier.
„Sie ham ein Swilling, guter Herr,
wo gommt den der so pötzlich her?"

Ich kniff gekonnt ein Auge zu,
da war der Zweite weg im Nu.
Nahm auf den Weg noch schnell ein Glas,
darauf ich wieder erdlings saß.

Wär ich nicht so dick angezogen,
hätt' meine Glieder ich verbogen.
Nun war es Zeit für mich zu gehn,
das konnte jeder wirklich sehn.

Im Taxi ließ ich mich chauffieren,
da konnt mir sicher nichts passieren.
Zu Haus empfing mich meine Frau:
„Mein lieber Mann, Du bist ja blau!"

Schrie sie mich an, das holde Weib,
war ich denn wirklich gar so breit?
Der Vorfall war mir eine Lehre,
den Markt ich niemals mehr beehre.

# Christbaumschmuck

Regina Frischholz

Weihnachten ist nicht mehr weit,
der Tannenbaum steht schon bereit
in der Stube von McGeiz.
Doch der Baum ist ohne Reiz,
denn es fehlt der gute Schmuck,
hat noch Tannen-Einheitslook.

Aber McGeiz denkt sich heuer,
„Lametta ist mir viel zu teuer.
Dies Gehänge ist jetzt out -
ich versilb're Sauerkraut.
Das ist auch abwechslungsreich!"
Schreitet dann zur Tat sogleich.

Doch die Tanne denkt im Stillen:
„Geizhals, dich könnt' ich jetzt killen.
Ich sollt' sein des Festtag's Zierde,
auch ein Baum hat seine Würde!"
Und was sie noch mehr verdrießt:
an der Spitz 'ne Knackwurst spießt.

Ach, der Hund ist and'rer Meinung,
sieht's als herrliche Erscheinung.
Mit dem Schwanz er freudig wedelt.
Weil dieser Baum so toll „veredelt",
setzt er an zum kühnen Sprung
und der Baum fällt um mit Schwung.

Setzt den Teppich dann in Brand,
war ein guter Gegenstand!
McGeizen's Frau ist außer sich,
beschimpft den Mann ganz fürchterlich.
Ja, nun ist der Teufel los,
denn der Schaden, der ist groß.

Und die Moral nun im Detail?
Geiz ist halt nicht immer geil!

# Christmas in Australien

Sonja Bartl

Christmas in Australien,
ist recht ungewöhnlich, denn
Päckchen teilt dort Santa Claus,
in der Badehose aus.
Da der Sommer ist im Land,
surft er cool am Meeresstrand
und bei 35 Grad,
schwitzt er unterm Rauschebart.

Manchmal stelzt er durch die Stadt,
(falls er's kann und Stelzen hat),
schlendert so von Haus zu Haus
und teilt seine Gaben aus.
Die Beschenkten sind recht nett,
stellen ihm aufs Fensterbrett,
anstatt Glühwein, so wie hier,
eine „Stubby" * kühles Bier.

Christbäum' sind aus PVC,
aus der Dose kommt der Schnee,
Strom sorgt für der Kerze Schein,
denn aus Wachs sollt' sie nicht sein,
da sie sich vor Hitze biegt,
schmilzt und dann am Boden liegt
und der Docht der hinge stumm,
wie ein lahmer Wurm herum.

Es sitzt manch' Australier,
abends gern im Lichtermeer
und er geigt, singt oder schweigt,
zu Carols by the Candlelight.
Bei Plumpudding und Puterich,
fühlen wohl die Bäuche sich.
Denkst du, das klingt sonderbar?
Glaub's ruhig, es ist wirklich wahr!

*\ *„Stubby" nennt man in Australien eine Dose Bier*

# Danke lieber Weihnachtsmann

Renate Strang

*Geschrieben von einer Norddeutschen:*

Aus ist's mit der weißen Pracht.
Hat der Weihnachtsmann gemacht.
Statt Pulverschnee zur Weihnachtszeit,
macht Wärme sich und Regen breit.

Im Norden sind wir halt gut dran.
Danke lieber Weihnachtsmann.
Müssen nicht zur Schaufel greifen,
brauchen nicht mal Winterreifen.

Manchem Bayer macht Verdruss,
vom Schaufeln so ein Hexenschuss.
Ach, wie haben wir es fein -
ein bisschen Schnee könnt' trotzdem sein...

# Das Schaumbad

Günther Melchert

„Das ist doch nicht nötig“, maßregelte der Mediziner, nahm aber dessen ungeachtet die Sektflasche aus der Hand seiner alten Patientin entgegen. Als er die Flasche aus dem Geschenkpapier wickelte und das mit silberner Beschriftung versehene schwarze Etikett betrachtete, zog er die Augenbrauen hoch und fügte hinzu, wobei er seiner Stimme einen tadelnden Klang verlieh:
„Ausgerechnet Sie, mit Ihrer kleinen Rente. Und dann ein Privatcuvée!“
Aber sie erwiderte: „Nehmen Sie ruhig. Es ist doch nur eine kleine Anerkennung zum Weihnachtsfest für Ihre großen Bemühungen“, und sie rieb sich verstohlen ihre schmerzenden Knie.
Weil sie die Augen niederschlug, entging ihr, dass sich der Mediziner bückte und das Präsent in eine Kiste stellte, die vor lauter Päckchen und Fläschchen fast aus den Nähten platzte. Und so ging auch sein dahin gemurmeltes Danke unter.
Nachdem er wieder aufgetaucht war, klopfte es an der Tür, und der Mediziner sagte ungehalten „Herein!“
Daraufhin trat eine junge hübsche Sprechstundenhilfe mit Pferdeschwanz ein, die mit von ihm ignoriertem bezauberndem Lächeln ein Aktenstück auf seinen Schreibtisch legte und nach einem flüchtigen Nicken des Kopfes in Richtung der alten Patientin auf Zehenspitzen wieder den Raum verließ.
Währenddessen kritzelte der Mediziner hastig eine Verordnung auf den Rezeptblock, und mit einem jovialen „Frohe Weihnachten und schöne Bescherung, Frau Weiner“, war die alte Frau in Gnaden entlassen...
Tags darauf, es war der Heilige Abend und die Stunde der Bescherung gekommen, kicherte eine junge hübsche Frau, die nackt in der Badewanne saß: „Huch, wie das kitzelt!“ und das goldgelbe Wasser, worin sie sich lüstern wand, schäumte wie die Brandung des Meeres...

„Gleich kitzelt es noch viel mehr!“, ließ sich der Mann vernehmen, der, ebenfalls nackt, neben der Wanne stand. Dann goss er aus einer Flasche, die mit einem schwarzen Etikett versehen war, auf dem eine silberne Beschriftung glänzte, eine moussierende Flüssigkeit über ihren wogenden Busen, woraufhin auch ihr Pferdeschwanz hin und her wogte...

## Das begehrte Buch

Regina Frischholz

Oma Erna ist zu Besuch bei ihren Kindern. Die Weihnachtstage stehen bevor und die rüstige Rentnerin will ihrer Tochter bei den Vorbereitungen zur Hand gehen. Da stürmt Enkelin Natascha ins Zimmer.
„Na, meine Kleine, hast du schon deinen Wunschzettel geschrieben?“, meint Oma Herta interessiert.
„Natürlich, Oma! Was willst du mir denn schenken?“, ruft das Mädchen vorlaut.
„Ach, du darfst dir zu Weihnachten ein schönes Buch wünschen!“
„Gut“, meint die Kleine, „dann wünsche ich mir dein Sparbuch.“

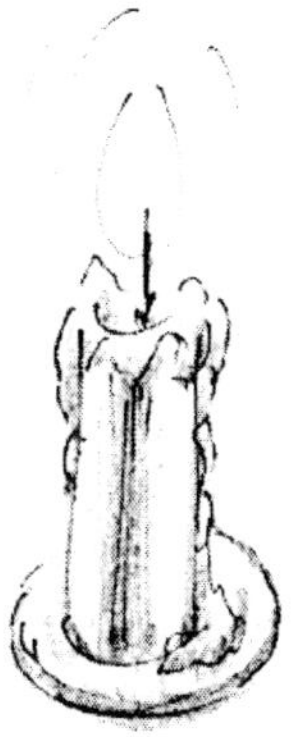

# Das Weihnachtsgeschenk

Dieter Christian Ochs

Zwischen fünfzig Staubsaugerbeuteln
Und einem Ladyshave Rasierer
Schwankend
Erwischt mich ein Freund
Auf der Rolltreppe aufwärts fahrend
Offenbar vergnügt
Zwei Tragetaschen schwenkend
Frohe Weihnacht
Ruft er
Als ich abwärts fahrend
Krausstirnig mit leeren Händen
Das Kaufhaus mit denselben Scheinen
Verlasse
Die ich in der
Haushaltswarenabteilung
Den Vorwerkern und Rowentariern
Nicht überlassen wollte
Zehn vor sechs vor Weihnachten
Und meine Glühweinblase
Zeigt sich promillig schwach
Als mich ein warmer Blitz wie ein
Festregen durchzuckt
Wie ich so trippelnd
Vor dem Automaten WC
Verzweifelt versuche
Mit dem Vorsteher durch den

Münzschlitz flüssig Kontakt aufzunehmen...
Sie hat sich schon immer ein eigenes
Klo
Zum ausgiebigen Verrichten kosmetischer
Wachskorrekturen
Und zum Stylen altlastiger Kinne
Gewünscht
Nicht nur meine Gedanken eilen dahin
Ich lass' es jetzt einfach laufen
Weiß ich doch
Dass der feixende Sanitärfritze
Der gerade seinen Laden abschließen will
Erst
Nach dem Fest
Die zweite Schüssel und das Drumherum
Liefern wird
Der Gutschein trägt ein rosa Schleifchen...
Bei uns sitzen Sie richtig
Noch zwei Stunden bis zur Bescherung
Ich bin erleichtert
Frohes Fest
Meine Liebe...

# Der aufpolierte Weihnachtsmann

Sonja Bartl

„Also", sprach der Himmelvater,
als persönlicher Berater,
zu dem Weihnachtsmann: „Ich nehme
an, du hast Probleme?"

„Weißt du", sagt der rote Dicke,
„wenn ich in den Spiegel blicke
bin ich oft am überlegen,
ob die Menschen mich noch mögen?

Denn mein Outfit, das entspricht der
neuen Mode längst schon nicht mehr.
Seh' mich nicht als Weihnachtsbote,
mehr als rote Chili-Schote.

Rudolph, diese lahme Ente
sollte auch bereits in Rente,
denn es wird heut' - ungelogen -
längst mit Überschall geflogen!

Wenn es schneit in meinen Schlitten
sitze meistens ich inmitten
knöchelhohem Schnee beim Fliegen.
Werd' wohl bald das Rheuma kriegen.

Viele Kinder mailen, chatten
mir, was sie so gerne hätten,
aber der PC samt Maus
wird verschenkt vom Nikolaus!

Ein Gerücht wird auch verbreitet
von Erwachs'nen, das bedeutet:
dass es mich nicht gibt auf Erden!
Damit soll ich fertig werden?"

„Nun", der Himmelvater nickte,
„das ist's, was dich so bedrückte?
Schad', wenn wegen dieser Dinge
Weihnachten nun flöten ginge!

All die Großen und die Kleinen
würden sicher um dich weinen.
Gegen einige der Sachen,
kann bestimmt man etwas machen.

Ein paar Engel, ein paar Elfen
sollen dir in Zukunft helfen.
Und vergiss nicht für die Nerven,
ständig Kekse einzuwerfen.

In dem Spiegel zu dem Affen
sag': Jawoll, ich werd' es schaffen!
Du bekommst dann noch, mein Guter,
deinen eigenen Computer.

Trag' das Outfit, dieses Rote,
doch versuch' mal eine Schote
Chili Rudolph anzudrehen.
Na, da wird die Post abgehen!

Und weil der sich schon seit Jahren
wünscht, mal richtig schnell zu fahren,
wird dein Schlitten jetzt ein Heuler:
kriegt 'nen Motor, Dach und Spoiler!"

„Danke! Ja, das hilft mir weiter",
sprach der Weihnachtsmann da heiter
und schritt stolz, wie nie zuvor,
durch das gold'ne Himmelstor.

Zu dem Christkind und den Engeln
draußen rief er: „Schluss mit Quengeln!"
Und danach in alter Sitte:
„Rudolph, vor den Schlitten bitte!

Doch heut' brauchst du nicht zu ziehen.
Wenn erst unsre Düsen glühen,
hat das Tempo keine Schranken!
Doch zuvor muss ich noch tanken."

Vom Computer unterstützt,
saust er heuer wie ein Blitz,
durch den weihnachtlichen Himmel.
Horch mal! Hörst du sein Gebimmel?

*Das Gedicht wurde im Dezember 2005*
*im Stadtradio Göttingen vorgetragen.*

# Der gerettete Weihnachtsbaum

Matthias Mross

Das hatte sich die Nordmanntanne immer gewünscht: Bei einer vornehmen Familie als Weihnachtsbaum zu stehen. Da wird man mit den schönsten Dingen der Welt geschmückt, und alle, der kleine Philipp, die kleine Ina, Mama und Papa, helfen mit.

Stolz stand der Weihnachtsbaum im Wohnzimmer. Von seinen Zweigen baumelten mundgeblasene Weihnachtskugeln, liebevoll gebundene Strohsterne, Laubsägeengel aus der Behindertenwerkstatt. An der Spitze glänzte ein Weihnachtsstern, an dem die ganze Familie gebastelt hatte. Und was das Beste war – o ja, darüber freute sich die Nordmanntanne am meisten: Auf ihr steckten keine elektrischen, sondern richtige Wachskerzen.

Unter dem Weihnachtsbaum stand, wie sich's gehörte, eine Krippe. Maria, Joseph, das Christuskind und viele Tiere, Hirten und die heiligen drei Könige waren dabei. Daneben hatte man die Weihnachtsgeschenke ordentlich aufgestapelt, und nachdem die Kinder an Heiligabend beschert worden waren und mit ihren Spielsachen gespielt hatten, legten sie sie wieder an denselben Ort. Auch darauf war der Weihnachtsbaum stolz, dass ihm so wichtige Dinge anvertraut wurden.

Nach einem guten Abendessen versammelte sich die Familie noch einmal um den Tannenbaum, und gemeinsam sangen sie Weihnachtschoräle. Der Christbaumschmuck erzitterte vor Freude, und mancher Laubsägeengel wäre zu gerne mit eingestimmt. Dann wurden die Lichtlein am Baum ausgeblasen, und alle, Philipp, Ina, Mutter und Vater, gingen zu Bett. Die Nordmanntanne blieb allein zurück.

Was war das? Auf einem Zweig brannte noch eine Kerze, eine kleine Flamme, die man vor lauter Müdigkeit vergessen hatte. Die Nordmanntanne freute sich darüber, denn nun musste sie nicht im Dunkeln stehen und wurde durch das muntere Flackern unterhalten. Auch konnte sie sich noch in aller Ruhe im Wohnzimmer umsehen. Langsam brannte die Kerze herunter, und da man sie aus Unachtsamkeit schräg in die Halterung gesteckt hatte, näherte sich ihre Flamme einem benachbarten Tannenzweig. Das war nun etwas äußerst Gefährliches! Der Zweig wurde heiss und begann zu schmoren - o, da hätte der Weichnachtsbaum laut aufschreien mögen, wenn er gekonnt hätte – und schließlich fing er Feuer. Feuer in der Nordmanntanne!

Der Engel, der über dem brennenden Zweig hing, merkte es als erstes und blies in seine Trompete. Aber der Klang des Instrumentes war schwach. Wer sollte ihn hören? Der Engel blies ein zweites Mal, und tatsächlich regte sich etwas unter dem Weichnachtsbaum. Der kleine Philipp hatte nämlich ein Feuerwehrauto geschenkt bekommen, und jetzt sieht man, wie nützlich so was sein kann.

Das Feuerwehrauto fuhr los, fuhr so schnell es konnte zum Brand, um ihn zu löschen. Aber schon nach kurzer Fahrt ging es nicht mehr weiter. Was hatte sich da in den Weg gestellt?

Es war das andere Geschenk, das Philipp bekommen hatte – ein mächtiger Drache. Der liebte Feuer und wollte auf keinen Fall, dass es gelöscht würde. Was sollten die Feuerwehrleute tun?
„Aus dem Weg! Auf die Seite!“ riefen sie, aber es nützte nichts. Der Drache rührte sich um keinen Millimeter.

Nun wollten die Feuerwehrleute aus dem Feuerwehrauto springen, um zu Fuß zum Brandherd zu gelangen – aber die Türen klemmten. Sie saßen in ihrem Fahrzeug gefangen und mussten dem Unheil tatenlos zusehen.

Da war aber noch Inas Geschenk, eine Puppe, die unterm Weihnachtsbaum lag und schlief.
„Wach auf, wach auf!“, riefen ihr die Feuerwehrleute zu, doch wenn so eine Puppe schläft, dann schläft sie. Ausserdem trug sie ein dickes Wollmützchen, durch das sie beim besten Willen nichts hören konnte.

Auch der bunte Clown, auch die Zinnsoldaten taten, als hörten sie nichts. Was hätten sie schon tun können? Was sollten so kleine Figuren gegen ein immer größer werdendes Feuer ausrichten?

Die Nordmanntanne sah den Tod in raschen Schritten auf sich zukommen, denn schon leckten die Flammen nach dem nächsten Zweig. Da fing ganz unten etwas zu schreien an. Was war das? Es kam aus der Krippe und hörte sich wie Kinderweinen an. Ja, es war ein Kind, das aus Leibeskräften schrie. Seine Stimme war so gewaltig, dass die Weingläser, die noch auf dem Wohnzimmertisch standen, klirrten. Eine Türe sprang auf, und herein stürzte der Vater, der die Situation sofort erfasste. Er ergriff den Feuerlöscher, der zum Glück neben dem Weihnachtsbaum bereitstand, und besprühte die brennenden Zweige. So wurde die Nordmanntanne gerettet. Als das Feuer erst gelöscht war, erholte sie sich bald wieder, und sie wurde so gedreht, dass man die verkohlten Nadeln nicht sah.

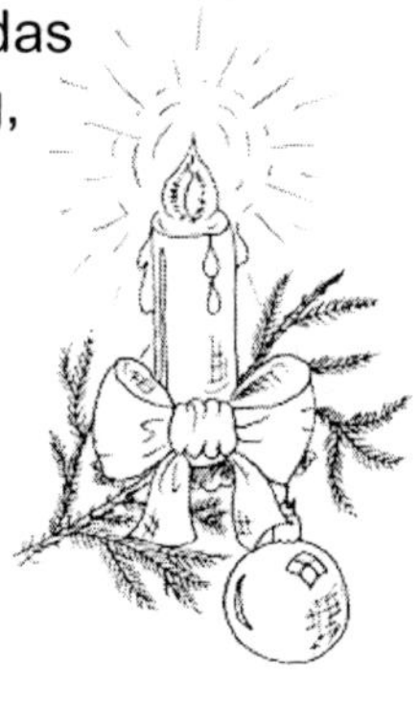

Am nächsten Tag beim Frühstück erzählte der Vater, was ihm in der Nacht Seltsames passiert war. Im Schlaf habe er das Schreien eines Kindes gehört, so laut, dass er aufgewacht und ins Wohnzimmer geeilt sei, und da... Aber den Rest der Geschichte kennen wir schon.
„Stellt euch vor“, sagte der Vater, „was ohne das Schreien passiert wäre. Da hätte leicht nicht nur der Weihnachtsbaum, sondern die ganze Wohnung abbrennen können. In Zukunft werden wir besser acht auf unsere Weihnachtskerzen geben.“

# Der größte Weihnachtsbaum von allen

Arno Endler

Ich möchte heute von den Familien Bart und Honig erzählen. Beide wohnen in einem Zweifamilienhaus. Auf der rechten Seite die Familie Bart, auf der linken die Familie Honig. Getrennt werden die beiden Wohnungen durch das Treppenhaus, das sie sich teilen. Die Schlafzimmer der beiden Familien liegen im Obergeschoss, die restlichen Räume im Erdgeschoss. Jeden Abend gehen beide Familien zur gleichen Zeit ins Bett. Familie Bart besteht aus Papa Bart, Mama Bart und Pinkus Bart. Pinkus ist der 11-jährige Sohn. Familie Honig besteht aus Papi Honig, Mami Honig und Artur Honig. Artur ist auch 11 Jahre alt.
Papa Bart und Papi Honig nehmen jeden Morgen denselben Bus zur Arbeit. Papa Bart arbeitet als Buchhalter in einer besonders bedeutenden Firma, Papi Honig arbeitet als Buchhalter in einer anderen renommierten Firma. Beide Männer gehen jeden Sonntag in die Eckkneipe und trinken ein, manchmal auch zwei Bier und warten dort, bis ihre Frauen aus der Kirche zurückkehren. Pinkus und Artur müssen natürlich mit ihren Müttern in die Kirche und dürfen nicht mit in die Kneipe. In dem Lokal sitzen Papa Bart und Papi Honig ganz weit auseinander. Denn ich verrate kein Geheimnis, wenn ich Euch erzähle, dass sich die beiden nicht ausstehen können.
Angefangen hat alles mit der gemeinsamen Vorliebe für extravagante Hüte. Papa Bart und Papi Honig hatten sich unabhängig voneinander Kopfbedeckungen anfertigen lassen. Beide waren stolz wie Pfauen, als sie sie vom Hutmacher abholen konnten. Doch dann mussten sie entsetzt feststellen, dass sie exakt die gleichen Hüte auf dem Kopf trugen. Papa Bart verlangte, dass Papi Honig seinen Hut wieder abgeben sollte, und Papi Honig verlangte es von Papa Bart. Ein Wort gab das andere und das Ergebnis war, dass sie nicht mehr miteinander redeten. Sie verboten selbst den Kindern und ihren Frauen den Umgang mit der anderen Familie. Doch die halten sich nicht an das Verbot, und es gibt eine Menge

Streit deswegen.
Jetzt steht die schönste Zeit des Jahres bevor. Das Weihnachtsfest!
Es ist früher Abend und die Hausherren sitzen in ihren Wohnzimmern und lesen Zeitung. Plötzlich hören sie lautes Geschrei aus dem Treppenhaus. Beide erheben sich und gehen zur Tür, die zum Treppenhaus führt. Sie lauschen und hören folgenden Dialog der beiden Kinder:
„Nein!"
„Das stimmt nicht!"
„Aber ja!"
„Nein! Wir hatten den größeren!"
„Unserer war noch viel höher!"
„Unser Weihnachtsbaum war der größte!"
„Nein! Es war unserer! In diesem Jahr wird er noch größer sein!"
„Quatsch! Wir kriegen dieses Jahr den größten Weihnachtsbaum von allen! Du wirst schon sehen!"
„Sollen wir wetten?"
Beide Männer schmunzeln, ohne dass sie vom anderen wissen, um dann ein entschlossenes Gesicht aufzusetzen. Ihr Weihnachtsbaum würde der Größte sein, denken beide.

Wie jedes Jahr werden die Weihnachtsbäume erst an Heiligabend besorgt. Papa Bart verläßt das Haus um 9 Uhr, Papi Honig etwa eine Minute später.
Papa Bart erreicht den Weihnachtsbaumhändler, der an der nächsten Straße verkauft.
„Ich hätte gerne den größten Baum, den sie haben!"
„Aber gerne!", antwortet der Händler und verschwindet in seinem Lager. Ächzend und stöhnend zerrt er einen gewaltigen Baum hinter sich her.
„Ist dies auch wirklich der größte?"
„Sie können es mir glauben!", erwidert der Händler und kassiert.
Papa Bart schwitzt gewaltig, als er den Baum hinter sich her zieht. Endlich erreicht er sein Haus und sieht voller Überraschung, dass Papi Honig ebenfalls einen großen Baum anschleppt. Die Männer starren sich an,

rennen beide sofort ins Haus und kommen mit Zollstöcken bewaffnet wieder ins Freie. Beide Bäume werden ausgemessen.
„Zwei Zentimeter!",murmelt Papa Bart enttäuscht, weil sein Baum kleiner ist.
„Noch kann ich gewinnen!", ruft er aus, lässt den Baum Baum sein und rennt Richtung Stadt.
Papi Honig sieht ihm nach, überlegt kurz und kommt zum Schluss, dass zwei Zentimeter nicht viel sind. Dann spurtet auch er in die Stadt.
Gegen zwei Uhr nachmittags fahren fast gleichzeitig zwei Laster vor das Haus. Auf den Ladeflächen sitzen zwei zerzauste Männer und betrachten stolz die riesigsten Bäume, die sie gefunden haben.
Dann erblicken sie den Lkw des anderen, und aus Stolz wird Furcht. Beide springen von der Ladefläche, wetzen zu dem jeweils anderen Lkw, falten die Zollstöcke auseinander und messen den Baum des Anderen
„Zwei Zentimeter!", murmelt Papi Honig fassungslos. Dann rennt er zu seinem Laster, steigt ein und ruft dem Fahrer zu: „Fahr los!"
Papa Bart denkt sich, dass zwei Zentimeter nicht die Welt sind und macht sich ebenfalls auf den Weg, den größten Weihnachtsbaum von allen zu finden.
Es ist schon dunkel, als die Männer zum Haus zurückkehren. Sie sahen zwar noch Bäume, die größer waren, als die, die sie schon gekauft hatten, aber sie hatten beide nicht mehr genug Geld im Portemonnaie, um sie zu bezahlen.
Erschöpft sehen sie sich an. Dann wundern sie sich, dass im Haus kein Licht brennt. Sie wanken erschöpft zur Haustür, öffnen sie und treten in das Treppenhaus.
Sie werden empfangen von einem warmen Licht. Papa Bart und Papi Honig reiben sich die Augen.
Im Treppenhaus steht ein kleiner Weihnachtsbaum mit brennenden Kerzen und Holzfiguren geschmückt. Ihre Frauen sitzen auf der Treppe und trinken Punsch. Pinkus und Artur spielen mit einer Spielzeug-eisenbahn. Die Frauen erheben sich und bringen ihren Männern ein Glas Weihnachtspunsch. „Ein frohes Fest!", wünschen sie und zeigen auf zwei

große Pakete. Die Männer trinken einen Schluck und packen dann die Geschenke aus.
Zum Vorschein kommen ihre neuen Hüte. Auf den einen hat Mama Bart ein großes B gestickt, auf dem anderen prangt ein großes H.
Die beiden Männer starren verlegen auf die Hüte, grinsen sich unsicher an, schütteln sich die Hände und trinken von dem Punch.
„Aber wir beide hatten in jedem Fall die größten Weihnachtsbäume der Stadt!", lachen sie.
Dann feiern sie gemeinsam das schönste Weihnachtsfest von allen.

## Der lustige Schneemann

Willi Corsten

Klein Eva und der Benjamin,
eilen rasch zum Spielplatz hin.
Sie bauen, denn es hat geschneit,
einen Schneemann rund und breit.

Eva setzt dem armen Tropf,
den Spielzeugeimer auf den Kopf.
Nimmt Kohlen für die Augen,
die trefflich dafür taugen.

Nun bekommt der kalte Wicht,
'ne rote Möhre ins Gesicht
und Hobelspän' zu guter Letzt,
als Wackelzähne eingesetzt.

Opas Rock mit Seitenschlitzen,
soll ihn vor der Kälte schützen,
und Omas guter Stubenbesen,
tarnt ihn klug als Arbeitswesen.

In der Nacht klaut dann ein Hase,
die wunderschöne Möhrennase.
Die Kohlen purzeln in den Schnee,
die sammelt auf die Hexenfee.

Da packt der Schneemann ohne Zagen,
die Hexenfee bei ihrem Kragen
und wirft den Eimer unverdrossen,
dem Hasen an die Hasenflossen.

Holt all die Sachen sich zurück,
jedes Teilchen Stück für Stück,
beginnt sich wieder schick zu machen
und muss dabei vor Freude lachen.

Als die Sonne kommt heraus,
sieht der Schneemann lustig aus.
Er hält den Eimer in der Hand,
trägt als Schmuck ein Kohleband.

Die Zähne stolz am Bauch er reckt,
im linken Ohr die Möhre steckt.
Die Kinder stehen da und staunen,
über solche Schneemann-Launen.

# Der Nikolaus

Peter Wolf

Der Nikolaus klopft hart ans Tor!
Die Kinder noch recht laut zuvor,
werden plötzlich brav und still,
weil sie der Mut verlassen will.
Der Josef glaub ich, zittert gar,
weil er nicht immer folgsam war.

Die Mama sagt: „Ich geh schon raus!"
und flüstert draußen dann, vorm Haus:
„Schön pünktlich bist, genau wie bestellt,
da hab ich dir den Sack raus gestellt,
mit Nüssen und Äpfel, viel und groß,
den bringst mit rein und dann geht's los."
Und doppelt laut sagt sie hinterdrein:
„So, Nikolaus, jetzt komm rein!"

Der nimmt den schweren Sack zur Hand
und schreitet dann im Bischofsgewand
ins Zimmer rein mit Stab und Bart,
wo man ihn feierlich erwart.

Und kaum herin, da fangt er dann
mit tiefer Stimme die Predigt an:
„Wart ihr auch immer brav, ihr Kinder?
„Ja", piepsen schüchtern die zwei Sünder.
„Dann will ich schnell im Buch nachlesen,
ob ihr auch ständig gut gewesen.

Nein, Josef, was steht denn da bei dir?
Manch kleine Sünden find' ich hier!
Und Lisa, auch in deinem Herzen
gäb's ein paar Fehler auszumerzen!

Doch wie man hier so niederschrieb,
wart ihr auch oft zur Mutter lieb!
Mal seh'n, was ich im Sack drin habe,
ob Rute oder süße Gabe!

So brummt der Nikolaus und lacht.
Doch wie er dann den Sack aufmacht,
erschrickt er, denn es springt was raus
- im hohen Bogen, eine graue Maus!!!

Der Nikolaus schreit auf der Stell,
kreischt wie eine Frau, so hoch und hell.
Springt auf den Stuhl, nach Weiber-Art,
verliert Perücke und sein Bart
und schaut gleich ganz verändert aus
und fürchtet sich vor der kleinen Maus.

Alles lacht, die Kinder schreien grad heraus:
„Uiii - die Oma ist der Nikolaus!!!"

# Der Nikolaus und seine Frau

Gaby Scheeder

Jedes Jahr am Nikolaustag zieht er den roten Samtmantel an. Nur zu dem Anlass trägt er die schweren, schwarzen Stiefel. Mit der Armbanduhr legt er auch seine Identität ab. Nun ist er nicht mehr ihr Ehemann, ist nicht mehr der Vorstand vom Verein, ist nicht mehr der Angestellte, der jeden Morgen zur selben Zeit ins Geschäft fährt. Jetzt ist er nur noch der XXL-Mann mit dem grauen Vollbart und den himmelblauen, gütigen Augen. Schon im Sommer hat ihn am Baggersee ein kleiner Junge als Nikolaus enttarnt. Diese Rolle ist ihm nicht nur auf den Leib geschrieben. Er füllt sie nicht nur körperlich voll aus. Sein Harmoniebedürfnis und seine Friedenssehnsucht kommt ihr sehr entgegen. Ihn hat der Himmel geschickt, das weiß seine Ehefrau schon lange. Er liest ihr jeden Wunsch von den Augen ab. Vielleicht lebt er nur bei ihr inkognito und darf einmal im Jahr seine wahre Bestimmung ausleben. Kritisch überprüft seine Frau sein Outfit. Da hört man schon die Glöckchen der Kutsche und das Getrappel der Pferde, die ihn abholen. Er verschwindet in der Dunkelheit und verwandelt sich zu dem Heiligen.

Der Posaunenchor spielt feierliche Weisen. Der Lichterbaum erstrahlt in voller Schönheit und taucht den Kirchenplatz in ein stimmungsvolles Weihnachtswunderland. Mit offenem Herzen und voller Zuwendung nimmt er dankbar die Liebesbezeugungen der Kleinen entgegen. Er hört sich entzückt Lieder und Verse an und beugt sich herunter um viele kleine Köpfchen zu streicheln. Einen Dambedei aus seiner Hand bedeutet den Kindern mehr wie ein gekauftes Geschenk. Er versteht es Ängstlichen Mut zu machen und Vorlaute in die rechte Bahn zu weisen. Seine Frau steht abseits und beobachtet das Ganze voller Stolz. Während es für die Menge so aussieht, als ob er mit der Kutsche zurück in den Himmel entschwindet, lächelt sie verschmitzt in sich hinein. Heute Nacht noch wird sich dieser Nikolaus zu ihr ins Bett legen und in seinem Säckchen hat er etwas für sie ganz alleine.

LOVE ME TENDER

# Der Pferdeschlitten

Sonja Bartl

In des Hochlands Schnee inmitten,
da fuhr einst ein Pferdeschlitten
und ein Gaul zog Spuren munter,
mal bergauf und mal hinunter.

Leider drehte er die Runde,
Tag für Tag zur vollen Stunde.
Allen Tieren, die dort wohnten,
ging das auf die Nerven schon, denn

dieser Gaul sang immer wieder
Elvis Presleys alte Lieder,
laut und falsch war's auch dazu
und das störte ihre Ruh'.

Krähen wurden aufgeschreckt,
Rehe hielten sich versteckt,
Dachs und Fuchs, das musst du wissen,
wurden aus dem Schlaf gerissen.

Auch die Hasen sah man sprinten,
im Zickzack ... und nur von hinten.
Dem Specht, der eben angefangen,
ist das Klopfen meist vergangen.

Weil das Ganze ja auf Dauer,
waren alle Tiere sauer,
was daher zur Frage führte,
wer dem Gaul sich stellen würde.

Wildschwein, Eichelhäher, Trappe,
hatten bloß 'ne große Klappe,
und besonders die ganz Großen
machten sich gleich in die Hosen.

Nur das Hörnchen von der Eich'
rief: „Ich mache das für euch!"
Worauf alle Tiere lachten,
sich darüber lustig machten.

„Was willst DU denn, kleiner Wicht?
Ha, ha, ha, das schaffst du nicht!"
Doch das Eichhörnchen war schlau,
wusste - was zu tun - genau.

Vor den Gaul, der täglich nur
jodelnd durch das Hochtal fuhr,
hatte es sich hingeschmissen,
und dann bombardiert mit Nüssen.

Der ging durch und blieb nicht stehen,
wurde dort nie mehr gesehen.
Nur die Spuren sieht man noch -
vom Pferd und dem Dreikäsehoch.

In des Hochlands Schnee inmitten,
fährt ab nun der Pferdeschlitten
nicht mehr ... sondern anderswo
und das macht die Tiere froh!

Das Eichhörnchen ward über Nacht,
seither nicht mehr ausgelacht.
Du siehst, man kann – auch wenn man klein,
mit „Köpfchen" ein ganz Großer sein!

# Der Weihnachtsbaum

Ursula Geiger

Es geht ein Raunen durch den Wald,
die Holzfäller kommen bald.
Mit ihren starken Motorsägen,
werden Bäume sie umlegen.
Damit am 24. Dezember,
hat jeder einen Baum im Ständer.
Der schön geschmückt und edel,
erfreue Bub und Mädel.
Doch rieseln bald die Nadeln
und stechen Knab und Madl,
vergeht die Freude bald,
der schöne Baum, er ist jetzt alt.
Des edlen Schmuckes schnell beraubt,
Lametta auch schon ganz verstaubt.
Wird er zum Müll dann hingestellt,
da er jetzt keinem mehr gefällt.
Im Walde, ach wie war er prächtig
und seine Krone übermächtig.
Ich hab zu Hause einen Baum,
den kann in Kisten ich verstau'n.
Den Duft der edlen Tanne,
schütt ich mir in die Badewanne.
Will ich mal schöne Bäume seh'n,
werd in den Wald hinaus ich geh'n.
Erfreu' mich so an ihnen,
kann der Natur damit auch dienen.

# Der Weihnachtsbaum seines Lebens

Stefanie Heller

Herr Faulhaber liegt auf der Eckbank. Er ist gerade erst aus dem Bett gekrochen. Es ist bereits 14 Uhr vorbei. Heute kann er richtig faulenzen, seine Frau ist beim weihnachtlichen Kaffeeklatsch und wird bestimmt nicht so schnell nach Hause kommen...

Punkt 16:30. „Wunibald, kümmere dich endlich um den Baum, oder willst du, dass er wie du vergammelt?“ „Nein, Liebling!“

Wunibald Faulhaber geht alsbald ins Wohnzimmer. Die stolze Tanne ist ins Eck gepfercht. Ganz frisch sieht der Baum nicht mehr aus, was auch kein Wunder ist nach sieben Tagen ohne Wasser und Sonnenlicht. Kugeln und Lichterkette liegen schon bereit. Sie stellen einen großen chaotischen Haufen neben dem gezeichneten Baum dar. „Ich weiß gar nicht, was Resi immer für eine Hektik macht, das hat doch alles noch Zeit, heute ist doch erst der 23. Dezember“, murmelt Herr Faulhaber in seinen zerzottelten Bart hinein.
Mit schlurfendem Schritt begibt sich Wunibald auf den Dachboden, um den Baumständer zu holen. Dabei ist er so unachtsam, dass er eine Vase umstößt und zerbricht. „Mit dir hat man nichts als Ärger. Du nimmst ein Ding in die Hand und dann sind zwei Dinge hin.“ „Ja, ja“, entgegnet er mit leisen Worten.

Hinten im Eck, von Spinnenweben überzogen, steht der Baumständer. „So mein Lieber! Und dass du mich heute nicht wieder ärgerst!“ Er will ihn hochheben, dabei bemerkt er jedoch nicht, dass sich seine Werktagshose in der alten Garderobe verfangen hat. Wunibald kommt aus dem Gleichgewicht, die Hose reißt, er stürzt und landet vor Schmerzen schreiend neben dem Christbaumständer. „Ach Mensch... was machst du denn für Sachen?“ Der Gefallene bückt sich kontrollierend über den Ständer. Er scheint den Unfall glücklich überstanden zu haben. Just in diesem Moment krabbelt eine dicke Spinne über das Bein des trotteligen Mannes. Igittigitt... Reeeesiiiii.. .“ Das Krabbeltier ergreift sofort voll Schreck die Flucht. „Was ist denn nun schon wieder... man kann dich nichts alleine machen lassen!“
„Eine... eine Spinne...“
„Bevor der Weihnachtsbaum nicht so aussieht wie er aussehen soll, brauchst du mir gar nicht mit deiner Jammerei ankommen... Schau, dass du endlich fertig wirst, du Nichtsnutz!“ „Ja, Liebling.“

Herr Faulhaber wendet sich, mit Tränen in den Augen, erneut dem Christbaumständer zu und nimmt ihn mit. Als er das Dachbodenlicht ausschaltet, verfehlt er die Treppe und rutscht diese auf dem Hintern herunter.

Er hört sogleich seine Frau brüllen: „Du Volldepp, du nichtstaugende Kreatur! Kann man dir eigentlich irgendeine Arbeit schaffen ohne dass du dich dabei beinah umbringst? Ach, du bist und bleibst ein elendiger Versager!“ „Ja, Liebling.“

Mit trottendem Schritt begibt er sich ins Wohnzimmer. „Ich geh jetzt einkaufen, stell dich nicht wieder so dumm an und schmück den Baum schön! Und wenn ich schön sage, dann meine ich auch schön!“, schreit Resi in ungewohnt schlichtem, ja fast nettem Ton. „Ja, Liebling.“

Kurz nachdem Resi weggefahren ist, fliegt Herrn Faulhaber wie von Geisterhand der Baum entgegen, er kann ihn gerade noch halten, verletzt sich jedoch seine rechte Hand. Bald sind rote Flecken auf dem weiß melierten Teppichboden zu sehen. „Das gibt Ärger!“ Er stellt den Baum kurzerhand wieder auf, und setzt ihn in den Ständer, ohne die Flecken auf dem Boden näher zu beachten.

Einige Zeit vergeht ohne größere Zwischenfälle, wenn man die drei Kugeln - Erbstücke von Resis Mutter - einmal außer Acht lässt. Mit dem bunten Gehänge sieht die trostlose Tanne fast wie ein edler Weihnachtsbaum aus. Leider hat Wunibald jedoch beim Behängen dem Baum ziemlich zugesetzt. „Schönes Bäumchen, das war eine ganz schön harte Arbeit. Die Vase ist hin, meine Hose ist kaputt, mein Hintern schmerzt, meine Hand ist verletzt, der Teppich versaut und du hat fast keine Nadeln mehr. Das kommt nur davon, wenn man nicht nach dem Mondkalender arbeitet. Aber auf mich hört ja mein Liebling nicht.“
Herr Faulhaber beginnt , nachdem er die Lichterkette erfolgreich installiert hat, mit den Aufräumarbeiten. Er geht mit den leeren Christbaumkugelschachteln in Richtung Schrank, um sie oben zu verstauen. Kaum steht Wunnibald auf der Leiter, kracht eine Sprosse derselben durch und der Tollpatsch rutscht ab. Über dem Boden sind alle Schachteln verteilt. „Ich glaub’, ich muss abnehmen. Und bis nächstes Jahr die Leiter reparieren.“ Mit schmerzendem Bein erledigt er voller Selbstmitleid weiter

seine Arbeit. Kurz darauf klopft es am Wohnzimmerfenster. „Hallo, hallo Sie da, sind sie Herr Faulhaber?“ „Ja!“ „Ich habe ein Päckchen für Sie dabei!“ „Moment, ich komme.“ Das müssen die neuen Schlaftabletten sein...“

In seiner Unachtsamkeit rammt Herr Faulhaber mit seiner Hüfte den Zimmerbrunnen und kippt diesen um. Er entleert sich mitten auf den Wohnzimmerboden, über die Steckdose (in der sich noch das Kabel der Lichterkette befindet). Es funkt und eine kleine Flamme bildet sich direkt neben der jämmerlichen Tanne. „So, Herr Faulhaber, hier noch eine Unterschrift und dann gehört dieses Päckchen Ihnen!“ „Dankeschön!“

„Wunnibald, Wunnibald...“ „Was ist denn, Greta?“ „Siehst du das denn nicht? In deinem Wohnzimmer raucht es!“ Kaum hat die Nachbarin dies gesagt, gibt es einen Knall, der Baum ist zusammengekracht. Herr Faulhaber geht, in einem für ihn schnellen Gang in Richtung Wohnzimmer. „Was soll ich denn tun?“ Herr Faulhaber stolpert über brennende Kabel und bleibt inmitten des Feuers, das durch die Wucht erlischt, schmerz-verzerrt liegen. Verzweifelt liegt Herr Faulhaber unfähig jeglicher Handlung auf dem Baum und sieht den verbleibenden Rauchwolken zu, wie sie mehr und mehr das ganze Wohnzimmer einnehmen. „So, ich hab das letzte Mal den Christbaum geschmückt. Wenn ich nicht nach dem Mond arbeiten darf,dann arbeite ich gar nicht mehr. Und ich soll unfähig sein? Wie kann denn etwas Sinnvolles herauskommen, wenn die Sterne ungünstig stehen? Resi, Reeeesi... wir brauchen einen neuen Baum!“

# Der Weihnachtsmann

Gerhard Steil

Der Weihnachtsmann hat eingeschirrt.
Das Eis ist klar, die Kälte klirrt.
Das Lichterfest steht kurz bevor.
Von Ferne klingt der Engelchor.

Den Schlitten voll, wie all die Jahre,
mit allerfeinster Handelsware.
Motiviert bis in den Bart,
beginnt er seine Erdenfahrt.

Mütz' und Mantel abgeschüttelt.
Etwas steif und durchgerüttelt,
landet er im Kerzenschein
bei Brüderchen und Schwesterlein.

Von nun an wird es kompliziert
der Weihnachtsmann wirkt leicht verwirrt.
Was soll er denn den Kleinen schenken,
ohne sie vielleicht zu kränken.

Es ist noch nicht so lange her,
da war das Schenken gar nicht schwer.
Gesellschaftsspiele waren „in".
Beim Lego-Haus war Baubeginn.

Mit einer Kleinigkeit zum Naschen
ließ sich jeder überraschen.
Söhnchen spielte Großwildjagd.
Und Puppen waren noch gefragt.

Die Kleinen konnten Stunden malen.
Der Weihnachtsbaum ließ Herzen strahlen.
Die Eisenbahn aus echtem Holz,
ach wie waren Kinder stolz.

Doch jetzt, mein liebes Jesuskind,
weht ein völlig neuer Wind.
Keiner spielt noch Karussell.
Völlig out - nicht aktuell.

Vom Christbaum bis zur Wohnungsdiele
häufen sich Computerspiele
und mitten drin, mit Stock und Hut,
steht Harry Potter, frohgemut.

Der Wunsch nach einem CD-Brenner
ist beim Bub der große Renner.
So geseh'n ist Papis Bester
ganz genau wie seine Schwester.

Steht bei ihr doch auf dem Zettel:
Popmusik und Heavy Metal.
Knecht Ruprecht hat es gleich gesagt:
„Oh Tannenbaum" ist nicht gefragt.

Bestellt wird heut' im Internet
vom Engel  bis zum Himmelbett.
Dem Weihnachtsmann wird langsam klar:
Es ist nicht so - wie jedes Jahr.

Kinder, die schon alles haben,
kann man nicht mit Keksen laben.
So kommt es, dass der Weihnachtsmann
die Plätzchen selber essen kann.

Ernüchtert tritt der gute Mann
die Reise z'rück zum Himmel an.
Konsterniert und leicht betrübt
wird noch mal ein Jahr geübt.

Laptops müssen in's Gepäck.
Und weniger Adventsgebäck.
Rentiere sind Larifari
Nächst' Jahr kommt er mit Ferrari.

# Der Weihnachtsmann in Bethlehem

Maria Sassin

Der kugelrunde Alte seufzte: „Uff, endlich ist der Schlitten fertig beladen! Fast hätte der Streik der Weihnachtswichtel meinen Zeitplan völlig über den Haufen geworfen. Zum Glück war die Gewerkschaft einsichtig und hat begriffen, dass zwei Tage vor dem Fest nun wirklich nicht der Moment für überhöhte Gehaltsforderungen ist, wenn sie wollen, dass ihre eigene Wichtelbrut pünktlich zu Weihnachten die Geschenke unter dem Tannenbaum findet, hohoho!"
Der Dicke stöhnte abermals: „Und diese Berge von Geschenken – es wird jedes Jahr schlimmer! Ohne meine Highspeed-Zuchtrentiere hätte ich überhaupt keine Chance mehr, all das Zeug passend abzuliefern. So, jetzt aber rasch den roten Karl-Lagerfeld-Thermomantel angezogen, Bart gebürstet, eine Handvoll der köstlichen Engelplätzchen genascht und los kann es gehen!" Leise summte er den Werbeslogan der himmlischen Großbäckerei vor sich hin: „Himmelback und Co macht sogar die Engel froh."

In Minutenschnelle war alles erledigt und Father Christmas stieg auf den Führersitz des Rentierschlittens. Hell knallte die Peitsche. „Los, Rudolf, spute dich, sonst hat nächstes Jahr ein anderes Rentier deinen Job. Bei 20% Arbeitslosigkeit in Lappland kein Problem!", rief er seinem rotnasigen Leittier zu.
Hui, los ging die Reise. Mit Lichtgeschwindigkeit sauste das Gespann durch die Winternacht. Immer wieder warf der Weihnachtsmann geschickt ein Päckchen durch einen Kamin. Er schmunzelte: „Die Jahre als Profi-Basketballer haben sich echt gelohnt – seit der Zeit bei den Heavenly Bulls verfehle ich kein noch so kleines Kaminloch mehr!"
Zufrieden lehnte der Alte sich zurück und knabberte an seinem teuflisch guten Gebäck.

Nach einiger Zeit schaute er auf seine Rolex. „Oh, verflixt", fluchte er, „so kommen wir mit der Zeit nie hin. Schneller, Rudolf, oder du endest als Rentiersaftschinken!"

Entsetzt sammelte das treue Rentier noch mal alle Kräfte und zog mit einem raschen Satz heftig an. Dabei blieb die hintere Kufe des Schlittens an einer Baumspitze hängen. Das schwer beladene Gefährt kam aus der Bahn, taumelte und schlug dann krachend um.
Rudolf versuchte, durch ein bravouröses Flugmanöver das Gefährt wieder aufzurichten, was ihm schließlich unter lautem Keuchen gelang.
Doch zu spät – alle Geschenke waren in hohem Bogen aus dem Schlitten gefallen, und was schlimmer war, auch der wohlbeleibte Weihnachtsmann ruderte vom Rentier unbemerkt hilflos wie ein Schwimmer in der Luft herum, bevor er endgültig abstürzte und es Nacht um ihn wurde.

Viel später in Palästina.
Der rundliche kleine Mann reckte sich und öffnete die Augen. Verwirrt sah er sich um. Olivenhaine säumten den Weg, auf dem er lag. Es war heiß, Zikaden sangen.
„Au, mein Kopf!", stöhnte der Alte. „Da muss irgendwo eine Mordsbeule sein. Wo bin ich bloß und was ist hier los? Wie spät ist es?" Doch die Rolex war verstummt.
Verwirrt besah er seinen dicken roten Mantel. „Das Ding ist ja viel zu warm. Wieso liege ich überhaupt hier so rum?"
Ächzend versuchte er sich aufzusetzen und betastete seine übel zugerichteten Knochen. Gebrochen war nichts, aber zahllose Beulen und Kratzer schmerzten ihn höllisch.

„Hm, erst mal brauche ich was zu trinken. Wo sind bloß diese nichtsnutzigen Weihnachtswichtel? Feuern werde ich sie. Und dieser eingebildete Rudolf scheint durchgebrannt zu sein. Auch gefeuert, jawohl!"
Wie ein Blitzstrahl durchfuhr ihn dann die Erinnerung an den Schlittenunfall. „Ach du meine Güte, was soll ich tun? Verluste in Milliardenhöhe. Und der

gute Ruf der Firma – ich mag gar nicht daran denken. Was soll ich nur tun?", fragte er sich verzweifelt. „Ich weiß ja nicht einmal, wo ich hier gelandet bin. Na ja, jedenfalls brauche ich einen Supermarkt – eine Flasche Vittel, ein Six-Pack Red Bull und eine Ladung Aspirin müssen jetzt einfach sein!" Mühsam rappelte der Alte seinen Wohlstandsbauch hoch und stolperte den Weg entlang.
Nach einer Weile, die seinem trockenen Gaumen endlos erschien, traf er auf eine Gruppe Kinder, die friedlich mit den Steinen des Weges spielten. „He, ihr Taugenichtse, wo geht es hier zum nächsten Supermarkt?", rief er ihnen zu.

Die Kinder sahen ihn erschrocken und verständnislos an. „Das Dorf Supa-mah kennen wir nicht, mein Herr, aber Ihr seht aus, als littet Ihr Durst", wagte sich der älteste Junge vor. „Hier, nehmt meine Hand, Ihr hinkt ja. Ich führe euch zum Brunnen und schöpfe Wasser für Euch."

So geschah es. Durstig schlürfte der Alte das kostbare Nass in sich hinein. „Danke", sagte er dann mit schwacher Stimme. Es war seit Hunderten von Jahren das erste Mal, dass er dieses Wort benutzte. Fremd kam es ihm über die Zunge.
„Könnt ihr mir sagen, wo wir hier sind?", fragte er dann die Kinder.
„Sicher", antworteten diese im Chor. „Nicht weit vom Dorf Betlehem. Das ist nur ein paar Stadien hinter dem Olivenhain."
„Danke, damit habt ihr mir sehr geholfen", erwiderte der alte Mann und tastete vergeblich nach seinem Scheckbuch, das ihm beim Unfall aus der Tasche gefallen war.
„Wenn ich nur meinen Schlitten noch hätte", sagte er dann, „bekämet ihr alle ein tolles Weihnachtsgeschenk!"
Die Kinder sahen ihn verständnislos an.
„Herr", sprach abermals das Älteste, „ich fürchte, das Liegen in der Sonne hat Euch nicht wohl getan. Auch seht Ihr aus, als ob Ihr unter die Räuber gefallen wäret. Soll ich Euch führen?"

Höflich lehnte Father Christmas ab. Betlehem – das sagte ihm etwas, und irgendwie war ihm klar, dass er in dieses Dorf gelangen musste.

„Da“, er löste seine kaputte Uhr vom Handgelenk und streckte den Jungen die Rolex entgegen, „Wenigstens ein kleines Geschenk vom Weihnachtsmann!“
„Wie schön die funkelt!“, jubelten die Jungen, „das wird ein prima Turm für unsere Festung!“. Stolz befestigten sie das kostbare Stück auf dem Steinhaufen, an dem sie gebaut hatten.

Kopfschüttelnd zog der Alte seines Weges.
Bald begann sein Magen laut zu knurren und er erinnerte sich mit Bedauern an die knusprigen Engelskekse, die noch im Schlitten lagen. Hungrig und müde hinkte er weiter.
„Ach“, dachte er traurig, „Wäre ich nur netter zu Rudolf gewesen, dann hätte der mich bestimmt nach dem Unfall gesucht und ich säße längst wieder im Himmel in meinem Lehnstuhl...“
Er seufzte tief und noch so manches fiel ihm ein, das er in Zukunft anders machen wollte. Wenn es eine Zukunft gäbe und er nicht hier in der Einöde schwitzend verhungern müsste...

Auf einmal hörte er ein leises Singen und ein Klatschen.
Er humpelte um die nächste Kurve und sah eine kleine Hütte, vor der eine summende Frau kniete und Brotteig schwungvoll auf heiße Steine im Feuer schlug.
„Bitte, bitte“, flehte er schwach.
„Oh, mein armer Alter!“, rief die Frau mitleidig, als sie seine abgerissene Gestalt erblickte. „Setzt Euch her an mein Feuer. Sogleich gebe ich Euch ein Brot und will auch mit meinem letzten Wein und Öl Eure Wunden versorgen.“
Dankbar ließ Father Christmas sich nieder, streifte den teuren Mantel ab und ließ sich stumm pflegen.
„Ach, wenn ich doch nur noch meinen Schlitten hätte. Dann könnte ich dir

ein schönes Weihnachtsgeschenk machen!“, seufzte er .
Die Frau sah ihn mit großen Augen an. „Es ist gut“, sagte sie beruhigend, „ruht Euch nur aus und kommt zu Kräften!“
Der Alte ließ sich zurück sinken.
„Wie weit ist es noch bis Weihnachten?“, fragte er.
„Wee-na-ten“, überlegte die Frau, „das kenne ich nicht, aber Betlehem ist nicht mehr weit. Gleich dort hinter der nächsten Kurve. Bald werdet Ihr einen Stall finden, und da beginnt es dann auch schon.“

Dem Alten wurde es, als hätte er es auf einmal ganz eilig. Er strauchelte auf die Füße, schenkte der Frau seinen dicken Mantel als warme Decke und machte sich wieder auf den Weg.
Wie sah er jetzt nur aus – blaue Flecken überall und bloß noch sein altes Hemd an!
„Hoffentlich gibt es in Betlehem wenigstens einen Kaufhof!“, murmelte er vor sich hin.

Er schritt tüchtig aus, bis er hinter einer Hecke drei wunderlich gekleidete Gestalten sah, die noch seltsamere Tiere hinter sich her zogen.
Father Christmas schlich vorsichtig näher. Zweifellos – die Drei trugen Kronen auf ihren Häuptern und bei den riesigen Tieren handelte es sich um Kamele.
„Hallo!“, rief er der kleinen Karawane hinterher.
Die fremden Könige drehten sich um.
„Wohin zieht ihr?“, fragte der Weißbart.
„Wir folgen dem Stern. In Betlehem, so heißt es, ist ein neuer König geboren. Wir wollen ihm Geschenke bringen und ihm huldigen. Du reist allein und siehst aus, als wärest du unter die Räuber gefallen. Komm doch mit uns!“
Der Alte nickte stumm. Ja, nach Betlehem wollte er auch gehen, das wusste er immer sicherer. „Gerne komme ich mit euch“, sagte er. „Ich danke euch für eure Freundlichkeit.“

Eine Weile später stand die kleine Karawane vor einem schäbigen Stall. In der Ferne leuchteten einzelne Lichter des Dörfchens.
„Hier muss es sein!", meinten die Könige erstaunt, „der Stern steht genau über dem Dach und bewegt sich nicht weiter."
Vorsichtig öffnete der erste König die knarrende Tür. Innen war es warm und licht. Eine junge Frau saß in der Ecke neben einer Futterkrippe, in der ein neugeborenes Kind lag.
Die Könige knieten ergriffen nieder, huldigten ihm und entluden die kostbare Fracht ihrer Kamele.
Der Alte wurde ganz klein und drückte sich schüchtern in die Ecke neben einen alten Esel.
„Ach", flüsterte er, „hätte ich doch nur noch meinen Schlitten, die allerschönsten Weihnachtsgeschenke wollte ich dir bringen, Kind! Aber ich habe gar nichts mehr."
Er schwieg verlegen.
Das Kind lächelte ihm zu.
„Du hast das Wichtigste", sagte es. „Du hast den Weg nach Weihnachten gefunden, du bist beschenkt worden und hast schenken wollen. Bleib ein wenig bei mir und lerne Weihnachten besser kennen. Im nächsten Jahr weißt du dann, wofür du deinen Schlitten fährst!"
Father Christmas strahlte.
Er vergaß sein schäbiges Hemd, die kaputte Rolex, den verlorenen Geschenkeschlitten und ging behutsam auf das Kind zu.
Der Weihnachtsmann hatte Weihnachten entdeckt.

# Der zahnlose Nussknacker

Sonja Bartl

Es war einmal ein kleiner Mann
aus Holz, mit bunter Farbe dran,
stand in der Küche, Jahr um Jahr,
bis eine Nuss zu knacken war.

Der Nussknacker war Omas Stolz,
geschnitzt von Hand, aus bestem Holz,
bis ... ja, bis Enkel Mäxchen kam
und heimlich ihn zum Spielen nahm.

Der klemmte einen Pfirsichkern,
in das Gebiss des Grinse-Herrn.
Es knackte auch! Jedoch zum Schluss,
da kam es, wie es kommen muss.

Nun fehlte - ach du lieber Schwan -
dem Nussknacker ein Vorderzahn!
Max schielte, dort wo früher noch
es weiß war, in ein schwarzes Loch!

„Ich glaub', du musst zum Zahnarzt geh'n!",
gab Max dem Nussmann zu versteh'n
und schlich mit ihm davon bevor,
die Oma zog ihm lang sein Ohr.

Der Zahnarzt aber lachte sehr.
Er meinte: „Mäxchen, zeig mal her,
'nen Zahn aus Holz und so lädiert,
hab ich noch niemals implantiert".

Zurück in Omas kleinem Heim,
versuchte Max es noch mit Leim,
jedoch hielt leider der Proband,
der ersten Probenuss nicht stand.

So legte er, man glaubt es kaum,
den Knacker untern Weihnachtsbaum
und hängte für das Christkind dann,
'nen Vorderzahn-Wunschzettel dran.

Viel später, als Bescherung war,
stand dort der Nussknacker ganz starr,
ein Pfeifchen steckte drin im Loch
und jenes rauchte er auch noch!

Sogar bebrillt mit Dioptrien,
schaute die Oma zweimal hin,
die Pfeife glänzt' im Kerzenschein
(und keiner wollt's gewesen sein).

Der Opa zwinkerte zum Max:
„Jetzt bin ich also untertags,
nicht mehr der Einzige im Haus,
den deine Oma schimpft nun aus!"

# Des Katers Rache

Heidrun Gemähling

Es lag ein Kater auf der Lauer,
wollte besehen sich genauer
den alten Mann, der kam ins Haus,
es sollte doch sein der Nikolaus.

Der Kater schlich sich hinterdrein,
schmuste an des Niklas Bein,
erkannte nun den alten Mann,
es war der Nachbar von nebenan.

Dieser hasste Katzentiere,
stand am Abend immer Schmiere,
um die Katzen zu beschmeißen
mit dicken Steinen - so ganz heißen.

All die Leute erschreckten sehr,
der kleine Peter schrie noch mehr,
der Kater sprang an Nikolaus' Bart,
riss ihn runter in Gegenwart

von umherstehenden Leuten,
die sich auf den Tag so freuten,
sahen doch nun den Nachbarsmann,
der keine Katzen leiden kann.

Der kleine Peter rief ganz laut:
„Das ist der Mann, der Katzen haut!"
Seitdem kam nie mehr in das Haus
der Nachbarsmann - als Nikolaus.

# Die etwas andere Weihnachtsgeschichte

Dieter Christian Ochs

Sichtbar ergriffen von ihrer blühenden Schönheit und Anmut ließ er noch einmal, ganz für sich alleine, die letzten neun Monate an sich vorüberziehen ...
Damals, ja...damals, als er sie das erste Mal berührt hatte, so sann er still und träumerisch vor sich hin...damals hatte er dasselbe, ihn fast um seinen Verstand bringende starke Kribbeln unter seiner Haut verspürt ... so wie heute, als er sich zum tausendundeinsten Mal an eine für ihn sehr dornige Zeit erinnerte.

Verklärt, wie das Gesicht eines kleinen Jungen es manchmal trug, wenn er an Weihnachten dachte, entspannte sich Herbert langsam und dachte zurück ...
An SIE!
Doch SIE, seine Herzallerliebste zeigte damals in den Tagen vor dem Weihnachtsfest noch wenig Regungen.
Schmerzlich, die Tage nach dem Kennenlernen.
Und, und die Ungewissheit erst davor!
Mein Gott, war das aufregend und prickelnd für ihn gewesen...

Aber damals, ja damals wollte er ihr einfach Zeit lassen, sich an ihn und an seine übergroße Liebe zu ihr zu gewöhnen.
Noch vermied sie es freilich, da es ihr zum damaligen Zeitpunkt noch ein wenig zu früh erschien, sich ihm ganz in ihrer jungfräulichen Schönheit und Anmut zu zeigen.
So beobachtete er sie heimlich, wann immer er Lust auf sie verspürte, hinter einem dichten Vorhang stehend von seinem Schlafzimmer aus.

Doch, heute Nacht, zwei Wochen und zwei Tage vor dem Jahreswechsel konnte er seine überschäumende Begierde, seine Lust auf sie nicht mehr bändigen. Er fasste seinen Entschluss und sich ein Herz, öffnete die Stubentür einen winzigen Spaltbreit und betrat, für sie ganz unerwartet, mit hochroten Ohren das Nebenzimmer, in dem sie sich aufhielt.

„Ahhhhh!", entfuhr es ihm und dann noch einmal „Ahhh!", wobei er seine trocken gewordene Zunge im Mund unruhig umher wälzte.
Die lange zurückgehaltene Zuneigung zu seiner Angebeteten ließen ihn plötzlich alle bisherige Zurückhaltung vergessen.

Jede Faser seines Körpers vibrierte in ihm und auch an ihm, wie eine überspannte Saite einer Geige.

„Ohhhhh!" quikte er mit stark erhöhter Stimme. Und noch einmal „ohhh!"

Er trat langsam näher an sie heran.

Schritt für Schritt...Schritt für Schritt !

Sie rührte sich nicht und zeigte noch keine Regung.

Sein verschwitztes, zu einem einzigen Oval geformten Gesicht kam ihr immer näher, so nahe, dass er mit leicht vorstehenden und seltsam glänzenden Augen das schwach rosafarbene, klebrige Sekret an ihrem Schnittpunkt feucht schimmern sehen konnte.

Es roch sehr lieblich. Ein zarter Duft wie Vanille und Stockfisch zugleich...
„Jetzt oder nie!", kam es schnaufend und mit leicht schiefer Tonlage aus ihm heraus und er merkte an so vielen kleinen Anzeichen, die sich wie selbstverständlich und ohne sein Zutun bei ihm einstellten, dass es bei ihm schon fast soweit war.

Die Spannung wuchs fast ins Unerträgliche...

Äußerst erotisiert (falls man überhaupt noch davon sprechen konnte) und bis zum Bersten gespannt setzte er wieder einen Schritt vor den anderen,

mal etwas vor... dann mal wieder zwei Schritte zurück.
Sein hellblau gestreifter Pyjama spannte sich leicht unter seinen schwerer werdenden Atemzügen. Er wusste, dass er das Schönste und Vollkommenste noch vor sich hatte.
Da...Endlich !
Sie regte sich etwas, kaum merklich und für ihn auch kaum wahrnehmbar und doch...schon genug, um ihn fast rasend vor Sinnesfreude zu machen.

Begierig, eher jetzt schon gierig und fast seiner Sinne ohnmächtig, schob er sich noch näher an sie heran, doch es sollte noch einige Ewigkeiten dauern, bevor sie sich ihm voll öffnete.
Hingebungsvoll und voller Zartgefühl beugte er sich ächzend und nun nicht mehr an sich halten könnend über sie und... verspürte plötzlich einen alles ihn verzehren wollenden Schmerz unter seinem verrutschten Hemd.

„Aahhhh“, entfuhr es ihm leise und ein winzigkleiner Speichelfaden troff ihm wie ein zäher Leimfaden das unrasierte Kinn hinunter.
Doch... vergaß er in diesem Moment seiner höchsten Erregung alles um ihn herum und fühlte sich voll gefangen vom Anblick des ihm sich auftuenden karminroten Schopfes, ihres einmalig schlanken Unterbaues und ihrer grazilen weit ausschwingenden Auswüchse.

„Nächstes Jahr“, murmelte er nach einer ganzen langen Weile der totalen Erschöpfung fast tonlos vor sich hin, „nächstes Jahr im Dezember werde ich dich umtopfen müssen“ und zog sich mit schmerzverzerrtem Gesicht, aber unwahrscheinlich glücklich ein paar widerhakige Stacheln aus seiner Bauchhaut.
„Tjaa!“
Und er stellte die „Königin der Nacht“, eine Rarität unter den südamerikanischen Kakteen, die nur einmal im Jahr, meist um die Weihnachtszeit herum eine einzige, wunderschöne Blüte erzeugten vor eine große, weiße Kerze, um von ihrer Schönheit in dieser Nacht noch lange zehren zu können..

# Die Fliege im Stall zu Bethlehem

Ursula Geiger

Fliegen sind doch arme Dinger,
haben Rüssel, keine Finger.
Haben Flügel, keine Nasen.
viel Vettern, viele Basen.

Leben oft nur einen Tag,
sind fürwahr oft große Plag.
Haben keine Osterfeier,
legen trotzdem viele Eier.

Feiern auch nie X-mas-Feste,
fressen aber uns're Reste.
Haben keinen Weihnachtsbaum,
für Geschenke keinen Raum.

Schon im Stall zu Bethlehem
hat man eine schon geseh'n.
Schwirrte da um Ochs und Esel,
trotz ganz starkem Schwanzgewedel.

Setzte sich dann auf die Krippe,
um zu sehn'n die Josefssippe.
Jesuskind ganz selig lacht,
„Hast Du mir was mitgebracht?"

„Leider nein, kann ja nix tragen,
hast Du sonst noch was zu fragen?"
„Könntest Du Maria wecken,
ohne sie groß zu erschrecken?

Ich hab Hunger, muss was trinken,
untenrum tu ich auch stinken."
Sanft setzt sich die Fliege nieder,
auf Marias zarte Glieder.

Die ist auf der Stelle munter
und sieht auf ihr Kind hinunter.
Stillt ihn, macht ihn sofort sauber,
alles ist ein großer Zauber.

Wir mögen zwar die Fliegen nicht,
aber doch in dieser G'schicht.

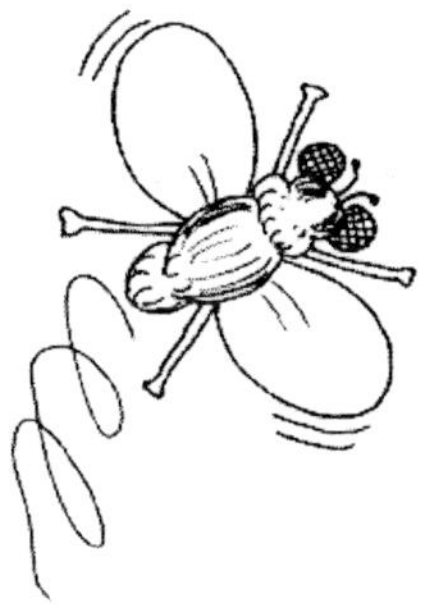

# Die gestohlene Weihnachtsgans

Walter J. Pilsak

Es war im Nachkriegsdeutschland der 50er Jahre. Das Wirtschaftswunder ließ noch auf sich warten, so gab es denn zum bevorstehenden Christfest dieses Jahres auch nur in den begütertsten Familien oder bei den Bauern eine gebratene Gans. Von einer solchen handelt nämlich unsere kleine Episode, die drei Tage vor Weihnachten in einem abgelegenen Dorf des Oberpfälzer Waldes begann.

Es war über Nacht kalt geworden. Mit dem aufkommenden Wind, der die Schneewolken heranbrachte, schwebten schon die ersten Schneeflocken tänzelnd zur Erde. Doch das waren nur die ersten zaghaften Vorboten von dem, was Frau Holle noch auf Lager hatte. Von Minute zu Minute nahm der Schneefall an Stärke zu, so dass man das in der Nähe liegende Dorf nur noch erahnen konnte. Während der nun folgenden Stunden wuchs die Schneedecke auf den zuvor noch kahl daniederliegenden Fluren immer weiter an.

Die Dämmerung war schon angebrochen und noch immer schneite es sehr kräftig. Trotz des dichten Schneegestöbers erkannte man in den letzten Resten des Dämmerlichtes schemenhaft eine menschliche Gestalt. Diese bewegte sich langsam auf den Bauernhof zu, der vom Dorf etwas entfernt an einem Hang lag. Hinter einem großen Holzstoß schien die Gestalt plötzlich verschwunden zu sein.

Kurze Zeit später: So unverhofft es am Nachmittag zu schneien begonnen hatte, lockerte sich die dichte Wolkendecke wieder auf. An den Eiskristallen der jungfräulichen Schneedecke brach sich tausendfach das silberne Licht des Mondes, der jetzt immer öfters die Wolkendecke durchbrach. Es war ein friedliches Bild, wie es nicht besser in diese vorweihnachtliche Zeit zu passen schien. Plötzlich drang aus dem Stadel des nahen Gehöftes das aufgeregte Geschrei von Gänsen, das von Hundegebell begleitet wurde. Augenblicke später huschte eine dunkle Gestalt, die es diesmal jedoch sehr eilig hatte, durch den Schnee in Richtung Wald und verschwand darin. Zurück blieb nur noch eine Fußspur, die sich im Schnee deutlich abzeichnete. Was war geschehen?

Auf dem etwas abgelegenen Bauernhof wurde in dieser Nacht eine Gans gestohlen. Als die Gänseschar Alarm schlug und der Kettenhund zu bellen begann, wurde das alte Ehepaar, das den Hof alleine bewirtschaftete, aufmerksam. Doch da hatte der Dieb den Tatort schon verlassen. Von ihm selbst war weit und breit nichts mehr zu sehen. Dafür war aber seine hinterlassene Spur um so besser zu erkennen.

Zum Glück hatte der Bürgermeister des kleinen Dorfes ein Telefon, was damals noch gar nicht so selbstverständlich war! Sofort wurde der Landpolizeiposten der nächsten Stadt alarmiert. Doch die beiden dorthin beorderten Beamten kamen mit ihrem VW-Käfer auf der schneeglatten Straße nur langsam voran, so dass eine gewisse Zeit verging, bis sie am Tatort eintrafen. Für die Bestohlenen zog sich dieses Warten fast zu einer Ewigkeit hinaus.

Endlich konnten die Ermittlungen aufgenommen werden. Für die beiden Polizisten schien die Sachlage klar zu sein. Der Dieb hatte bei seinem Beutezug offenbar damit gerechnet, dass es weiter schneien würde. Doch just während der wenigen Minuten, die der Gänsediebstahl nur dauerte, hatte es damit aufgehört. So kam, was kommen musste. Die beiden Beamten hatten es leicht mit der Verfolgung der sich im Schnee abzeichnenden Spur. Doch es schien nur zu Beginn ein leichtes Unterfangen zu sein. Denn bald artete die nächtliche Spurensuche in einen Gewaltmarsch aus. Der Dieb ist auf seinem Fluchtweg nicht nur auf Wegen gegangen. Offenbar rechnete er damit, dass er verfolgt würde. Immer wieder schlug er deshalb die wildesten Haken, hinein in den angrenzenden Wald. Er verhielt sich etwa so wie Meister Lampe auf der Flucht, nur dass seine Zickzack-Abweichungen vom geraden Weg wesentlich größer waren. Gegen Morgen hatten die Beamten es endlich geschafft. Sie konnten der Spur bis in die 7 Kilometer entfernte Stadt trotz vieler Umwege und Hindernisse folgen. Dort endete sie unmittelbar am Ortsanfang, wo sie auf die Straße traf. Hier hatten sich schon die Reifenspuren mehrerer Autos abgezeichnet, so dass eine weitere Verfolgung keinen Sinn mehr hatte.

Doch da stand gleich neben der Straße etwas entfernt von den anderen Gebäuden ein Haus. So schnell wollten die Beamten nach dieser strapaziösen Spurensuche nicht aufgeben. Also beschlossen sie, in diesem betreffenden Haus nach dem Gänsedieb zu suchen. An der Haustüre angekommen, schien ihr kriminologischer Eifer doch noch belohnt zu werden! Standen da nicht ein paar Gummistiefel, an denen noch Schneereste hafteten! Durch vehementes Pochen an der Türe wurden die Bewohner des Hauses aus dem Schlaf gerissen. Als man nach dem Eintritt auch noch den Besitzer von diesem ominösen Paar Stiefel schlafend vorfand, schien der Fall gelöst zu sein. Dieser bestritt jedoch den Gänsediebstahl. „Er sei erst vor einer Stunde von der Arbeit zurückgekommen, wo er zur Zeit die Nachtschicht hatte!“, beteuerte er. „Die Beamten bräuchten ja nur in der Firma anzurufen, dann würde sich seine Unschuld schon herausstellen.“ Als sie trotz längeren Suchens in der Wohnung die Gans nicht fanden, gaben sie frustriert auf!

Später auf der Polizeistation fragten sie telefonisch bei seiner Arbeitsstelle an, wo ihnen die Unschuld des vermeintlichen Gänsediebs bestätigt wurde. So ungern die Beamten dies auch hörten, durch dieses Alibi wurde ihnen klar, dass ihre schweißtreibende Spurensuche dieser Nacht vollkommen umsonst war!
Doch was sie nicht wussten, ist die Tatsache, dass die Gans höchstwahrscheinlich doch in ihrer unmittelbarer Nähe war. Der Gänsedieb war der Nachbar des Beschuldigten. Dieser wohnte in der anderen Hälfte

dieses Doppelhauses. Der zu unrecht beschuldigte hatte schon kurz danach, als die Polizei wieder abzog, diesen Verdacht. Ob der Verdacht nun berechtigt war oder nicht! Drei Tage später am 1.Weihnachtsfeiertag zur Mittagszeit schien er sich zu bestätigen. Aus dem Nachbarfenster, das einen Spalt geöffnet war, zog der unverwechselbare Duft einer gebratenen Gans herüber. Er und seine Lieben konnten sich an diesem Fest zwar nur einen gebratenen Stallhasen leisten, doch zum Denunzianten wollte er nun doch nicht werden, allein schon des weihnachtlichen und gutnachbarlichen Friedens zuliebe.

# Die gestohlenen Weihnachtsplätzchen

*Karl Schäffer, ca. 1930 (gest. 1980)*

*eingereicht von Margret Küllmar*

„Mutter was ist denn eigentlich mit unserem Karl los, er geht schon tagelang mit hängendem Kopf umher, weiß kaum den Mund aufzubringen, kriecht in allen Ecken rum, als wenn er was suchte. Er macht ein Gesicht, als wenn ihm die Butter vom Brot gestohlen wäre.“ Das sagte vierzehn Tage vor Weihnachten Karls Schwester Hermine.
„Ja,“ sagte die Mutter, „ich habe ihn auch schon tagelang beobachtet und ich glaube seinen Kummer zu kennen. Er sucht die Weihnachtsplätzchen, die wir gebacken haben. Du weißt doch, wie schlimm er schon immer darauf war. Aber diesmal findet er sie nicht, sonst wäre auch Weihnachten nichts mehr davon übrig.“

Karl war wirklich ganz unglücklich. Bis jetzt war es ihm noch jedes Mal gelungen, die Plätzchen zu finden, aber in diesem Jahr hatte er Pech. Was er auch anstellte, alles Suchen war vergebens. Sogar auf dem Fruchtboden hatte er mit einer Stange in den Körnern herum gewühlt, in der Hoffnung, einen Karton mit Plätzchen zu finden. Tag und Nacht überlegte er, wo sie wohl sein könnten, aber es fiel ihm nichts ein.

Am Abend ging er zur Spinnstube. Mit neiderfülltem Herzen musste er mit ansehen, wie seine Kameraden ein Plätzchen nach dem anderen aus der Hosentasche holten und mit den Mädchen futterten, und er hatte nichts. Ein schwerer Seufzer entrang sich seiner Brust: „Der liebe Herrgott mag wissen, wo meine Mutter dieses Jahr die Plätzchen aufgehoben hat. Das ganze Haus habe ich schon auf den Kopf gestellt, ich finde sie doch nicht.“

Da hob auf einmal sein Freund Henner den Kopf und sagte: „Junge, mir fällt was ein, ich glaube ich kann dir helfen. Deine Schwester Hermine

sagte vor etlichen Tagen mal am Backhaus, unser Karl sucht schon tagelang nach unseren Weihnachtsplätzchen, er findet sie aber nicht, obwohl er jeden Tag draufsitzt."
Der Karl wurde hellhörig, „draufsitzt", dachte er.
Das konnte doch nur in der Küche unter der Bank, hinter dem Tisch sein, wo auf einem Zwischenboden die großen Kochtöpfe standen. Solche, die nur bei Festlichkeiten und beim Dreschen gebraucht wurden. Jetzt wurden sie umgestülpt unter der Bank aufbewahrt.

Karl war an diesem Abend, ganz gegen seine Gewohnheit, ein schlechter Spinnstubengast.
Immer ging es ihm im Kopf herum: „Obwohl er jeden Tag draufsitzt."
Er ging schon bald nach Hause, er musste Gewissheit haben.

Sein Gang war sofort in die Küche, mit dem ersten Blick sah er, dass die Töpfe alle richtig herum standen und mit Deckeln verschlossen waren. Das war schon ein gutes Zeichen. Als er aber den ersten Deckel anhob und den Topf voll Plätzchen sah, da bebte sein Herz, wie ein Lämmerschwanz. Er hatte die schon lange sehnsüchtig gesuchten Weihnachtsplätzchen gefunden! Schnell steckte er sich erst einmal die Taschen voll und rannte dann in sein Zimmer. Auf seinem Kleiderschrank stand ein großer Karton, der Schneider hatte ihm seinen neuen Anzug darin geliefert. Diesen Karton nahm er und schüttete alle Plätzchen hinein. Alle Töpfe machte er leer und richtete unter der Bank alles wieder so her, wie er es vorgefunden hatte. Den Plätzchenkarton versteckte er auf seine Art.

Am Heiligen Abend, nach dem Mittagessen, sagte die Mutter: „Nun macht draußen alles fertig, um halb sechs fängt die Christmette an, da gehen wir alle hin. Hermine du musst noch einen Kuchen rühren, für den Besuch. Ich mache die Gabenteller fertig und dann können wir, wenn wir aus der Christmette kommen, gleich Weihnachten feiern."
Karl macht den Hof fertig sauber, sah noch einmal in den Ställen nach dem Rechten und ging dann in seine Stube. Er tat, als wenn er sich

umziehen wollte, in Wirklichkeit war er aber gespannt auf das, was nun kommen musste. Und es kam.

Mit einem Male gab es eine große Unruhe im Hause. Seine Mutter und auch seine Schwester liefen Trepp auf und Trepp ab, gingen in alle Stuben und untersuchten alle Kleiderschränke und Kasten.
Die Mutter fing an zu überlegen: „Ich habe sie doch in Töpfe gemacht, oder sollte ich mich irren?"
„Nein", sagte Hermine, „da waren sie drin, nun sind sie gestohlen."
Karl kam aus seiner Stube und fragte: „Was seit ihr denn so aufgeregt, lauft die Treppen hoch und runter, macht doch, dass ihr fertig werdet, die Christmette fängt bald an."
Da konnte die Mutter sich nicht mehr halten, schluchzend gestand sie dem Karl: „Unsere Plätzchen sind alle gestohlen, nun habe ich nicht einmal ein paar auf die Teller für die Dienstboten."
„Och", sagte der Karl, „wenn es weiter nichts ist, so viele kann ich dir schon borgen."
Der Mutter ging ein Licht auf: „Hast du Esel uns denn einen Streich gespielt? Man soll es doch nicht für möglich halten, uns so in Verlegenheit zu bringen, den Hosenboden müsstest du noch mal strammgezogen kriegen."
„Ja", sagte der Karl, „ich musste euch aber den Beweis bringen, dass ich die Plätzchen finde, wo immer ihr sie auch versteckt haben möget. Wenn ihr mir aber vorher genug zukommen lasst, dann will ich auch nie wieder welche verstecken."
„Ja", sagte die Mutter, „wenn wir nicht noch einmal so eine Verlegenheit erleben wollen, müssen wir das schon machen."
Karl hatte noch so viel Plätzchen, dass seine Mutter die Teller zurecht machen konnte. Nach der Christmette gingen sie mit vereinten Kräften daran und backten die halbe Nacht durch, damit sie am nächsten Tag ihren Verwandten und Bekannten Plätzchen anbieten konnten.

# Die Heiligkeit des Scheins

Regina Frischholz

Drei Kerzen am Adventkranz brennen,
die Zeit fängt an, davonzurennen.
Ich haste, eile durch die Gassen,
muss alles steh'n und liegen lassen.

Erledige noch dies und das,
und achte auch auf Preisnachlass.
Denn Schenken ist zum Weihnachtsfest
für mich der größte Härtetest.

Für Oma einen Wärmesack
und Opa kriegt 'nen Schnupftabak.
Playmobil für die Kleinen,
und Whisky, aber nur vom Feinen,
für den lieben Schwager Fritz,
oder trinkt er lieber Slibowitz?

Man macht sich niemals mehr Gedanken
an die lieben Anverwandten,
als beim Fest der Geburt des Herrn,
als hätt' man sich zum Fressen gern.

Im Januar ist die Schau vorbei,
da ist mir der Schwager einerlei.
Drum die Moral von der Geschicht':
trau schenkenden Verwandten nicht.

# Die Kalorienregeln zu Weihnachten - zum Aufhängen am Kühlschrank -

Da wir uns ja nun der Weihnachtszeit nähern, ist es wichtig, sich an die Kalorienregeln zu erinnern:

1. Wenn du etwas isst und keiner sieht es, dann hat es keine Kalorien!

2. Wenn du eine Light-Limonade trinkst und dazu eine Tafel Schokolade isst, dann werden die Kalorien in der Schokolade von der Light-Limonade vernichtet!

3. Wenn du mit anderen zusammen isst, zählen nur die Kalorien, die du mehr isst als die anderen!

4. Essen, welches zu medizinischen Zwecken eingenommen wird, z.B. heiße Schokolade, Rotwein oder Cognac, zählt NIE!

5. Je mehr du diejenigen mästest, die täglich rund um dich sind, desto schlanker wirkst du selbst!

6. Essen, welches als ein Teil von Unterhaltung verzehrt wird (Popcorn, Erdnüsse, Limonade, Schokolade oder Bonbons), z.B. beim Videosehen oder beim Musikhören, enthält keine Kalorien, da es ja nicht als Nahrung aufgenommen wird, sondern nur als Teil der Unterhaltung!

7. Kuchenstücke oder Gebäck enthalten keine Kalorien, wenn sie gebrochen und Stück für Stück verzehrt werden, weil das Fett verdampft, wenn es aufgebrochen wird!

8. Alles, was von Messern, aus Töpfen oder von Löffeln geleckt wird, während man Essen zubereitet, enthält keine Kalorien, weil es ja Teil der Essenszubereitung ist!

9. Essen mit der gleichen Farbe hat auch den gleichen Kaloriengehalt (z. B. Tomaten und Erdbeermarmelade, Pilze und weiße Schokolade)!

10. Speisen, die eingefroren sind, enthalten keine Kalorien, da Kalorien eine Wärmeeinheit sind!

Guten Appetit

beim Weihnachtsschmauß!!!

# Die Könige an der Krippe

Gisela Schäfer

Vor mehr als zehn Jahren hat uns ein Bekannter eine Krippe aus dunkelbraunem Holz und eingearbeiteten kleinen Ästen angefertigt, eine Krippe mit einer Tenne über zwei Stallkammern. Links wohnt die heilige Familie, rechts sind Ochse und Esel beheimatet. Ein Vorplatz gehört noch dazu. Dort ist auf der linken Seite ein Brunnen zu sehen – ja natürlich, Maria und Josef brauchen schließlich Wasser zum Überleben! -; an der Wand lehnt eine Leiter für den Fall, dass das heilige Elternpaar mal Lust verspürt, auf die Tenne hinaufzuklettern, und auf der rechten Seite des Vorplatzes befindet sich ein Holzstoß zum Heizen, was ein bisschen sonderbar ist; denn im Stall gibt es keinen Ofen, und offenes Feuer wäre doch bei dem vielen Stroh ringsum viel zu gefährlich! Vor dem Stall steht unentwegt ein Hirte mit einem Lamm auf der Schulter. Die übrigen Schafe liegen daneben auf dem Moos. Dieses Bild bleibt von Weihnachten an 14 Tage lang immer gleich. Nur auf dem Sideboard nebenan verändert sich stetig etwas. Da naht nämlich um einige Zentimeter täglich eine kleine Karawane, ein Kamel und drei Keramikkönige, zwei in aufrechter Stellung und einer seltsamerweise kniend, was mir eine äußerst mühselige Art der Fortbewegung erscheint, wenn ich an die vielen Kilometer denke, die zurückgelegt werden mussten!

Am 6. Januar, dem Fest der Erscheinung des Herrn, erreichen die Weisen aus dem Morgenland, wie sie in der Bibel genannt werden, endlich ihr Ziel, den Stall von Bethlehem, um dem neugeborenen Kinde zu huldigen und ihm Geschenke darzubringen.

Als ich vor mehreren Jahren an diesem Tage den Hirten und die Schafe zur Seite stellte, um Platz für den königlichen Besuch zu schaffen, war ich leicht irritiert; denn ich entdeckte nur noch die zwei stehenden Weisen. Der dritte war spurlos verschwunden. Ich interviewte Putzfrau, Ehemann, Kinder und Enkelkinder, um etwas über den Verbleib des dritten Königs zu erfahren. Umsonst, keiner konnte (oder wollte) darüber eine Aussage machen. So wurden dem Jesuskind in diesem Jahr nur zwei der drei Gaben Gold, Weihrauch und Myrrhe dargebracht.

Als ich nach Ablauf der Weihnachtszeit, d. h ein paar Tage nach dem Fest Erscheinung des Herrn, als der Tannenbaum schon unerfreulich nadelte, alles abbaute, fanden sich hinter dem Sideboard viele Einzelteile einer Keramikfigur. Der dritte König! Kleben ließ er sich nicht mehr, es sei denn, ich hätte ihn einem Archäologen anvertraut. Die bringen ja, was das Zusammenpuzzeln von Scherben angeht, Erstaunliches fertig!

Wem das Malheur passiert ist, kam nie heraus. Seitdem feiern wir am 6. Januar immer das Zweikönigsfest.

# Die letzten Weihnachtseinkäufe

Ute Kleinschmidt

Der Countdown läuft ... für die letzten Weihnachtseinkäufe. Im Schritttempo quäle ich mich durch verstopfte Straßen, suche lange nach einem freien Parkplatz - und endlich habe ich das Reich der tausend Geschenke erreicht. Meine Rennerei kann beginnen.
Stets die Wunschliste meiner Lieben vor Augen, eile ich von einem Geschäft zum anderen. Geduldig warte ich in meterlangen Schlangen vor den Kassen, während mir der Schweiß über den Rücken läuft und mit Tüten und Taschen bepackt, zwänge ich mich durch die Menschenmassen. Ich lasse mich von Verkäuferinnen böse angucken, weil ich den Pullover zwei Nummern größer und das Duschgel weihnachtlich verpackt haben möchte. Und ich hangel mich an Regalen hoch, weil gerade die gewünschten Legosteine ganz obenauf liegen. Die erhoffte CD ist nicht mehr vorrätig und das Spiel des Jahres auch im letzten Geschäft komplett ausverkauft.
Viele Stunden später verstaue ich alle Pakete und Tüten im Auto und verlasse erschöpft die hoffnungslos überfüllte Innenstadt.
Endlich wieder zu Hause beginne ich sofort, die Geschenke auf den entsprechenden Wunschzetteln abzuhaken – nur um festzustellen, dass ich doch wieder einige vergessen habe. Mir wird wohl nichts anderes übrigbleiben: ich muss noch Mal los – für die letzten Weihnachtseinkäufe.

# Die magere Gans

Yvonne Habenicht

Etwas Absonderliches tat sich seit einigen Jahren bei den Gänsen der benachbarten polnischen Bauern Kozlowski und Borkowski. Wenn die Schlachtzeit nahte und anderswo die Gänse noch weißer wurden vor Todesangst, dann schnatterten die Gänse dieser Bauern froh miteinander, sie versammelten sich und neigten allesamt die Köpfe, fraßen noch eifriger als zuvor und wenn es ans Schlachten ging, dann watschelten sie zu zweit und zu dritt mit erhobenen Hälsen herbei, als könnten sie es gar nicht erwarten. Den Bauern war es nur recht, doch, was sie nicht wussten, war, dass der große Ganter Wladyslaw – Begatter zahlreicher schöner Gänse und Vater unzähliger fetter, zartfleischiger Töchter – vor längerer Zeit eine Erleuchtung hatte. Danach hatte er seine Gänse und Ganter zusammengerufen und ihnen ihre besondere Rolle im Ablauf des christlichen Kalenders klar gemacht.

„Hört mich", begann Ganter Wladyslaw seine feierliche Predigt, „ihr müsst wissen, dass uns Gänsen eine ganz besondere und hohe Ehre zukommt. Uns ist gegeben, die Krönung des schönsten Festes der christlichen Kirche zu sein. Und ich sage euch, darum gehen wir auch mit besonderer Würde ins ewige Tierreich ein, wo wir die Hochachtung aller Tiere genießen werden. Unser Tod ist kein bitteres Ende, sondern eine hochheilige Angelegenheit. Kaum einem Tier ist ein ruhmreicheres Dahinscheiden vergönnt als uns, die wir zu Weihnachten auf schön gedeckten Tafeln liegen, im Lichterglanz geschmückter Tannenbäume, zur Ehre des Herren und der Menschen, die unsere Schmackhaftigkeit froh und friedlich stimmt. Also nehmt eure Rolle ernst, fresst, werdet dick und zart, und erwartet freudig den großen Tag eures heiligen Opfers."

Von da an wurden die Gänse auf den beiden Höfen besonders fett. Auch trafen sie sich regelmäßig unter Leitung von Wladyslaw zum Gebet und schnatterten ergriffen Choräle, deren Melodien sich Wladyslaw bei seinen

Gängen um die Dorfkirche eingeprägt hatte. Sie wurden eine tiefgläubige Gemeinschaft, deren ganzes Streben dahin ging, ihrer Rolle am Weihnachtsfest gerecht zu werden.

Einzig die Gans Jadwiga watschelte traurig mit hängendem Kopf herum und haderte mit ihrem Schicksal, denn sie war mit einem seltenen Makel behaftet. Sie konnte fressen so viel sie wollte, sie wurde einfach nicht fett. Schon ihre Mutter hatte darunter gelitten und war am Ende schmachvoll in Katzendosen gelandet. Der Prediger Wladyslaw riet ihr, noch mehr zu beten, sich wenig zu bewegen und bis zur Dunkelheit zu fressen. Doch das führte bei Jadwiga nur dazu, dass ihre Beine schwach wurden und sie unter anhaltenden Bauchschmerzen litt. Tieftraurig beobachtete sie ihre fetten Schwestern und Tanten, wie sie einander stolz ihre zunehmenden Polster zeigten, die dicken Brüste herausstreckten und einhergingen wie Königinnen.

Die Bauersfrau warf der dünnen Gans die besten Brocken zu, jagte die anderen um sie her weg, weil sie glaubte, sie würden Jadwiga alles wegfressen. Doch es half alles nichts, diese Gans wollte und wollte nicht dick und rund werden. Sie wackelte auf ihren vom vielen Sitzen geschwächten Beinen einher, ließ den Kopf hängen und vergoss so manche bittere Träne. Als die Schlachtezeit kam und die übrigen Gänse im Chor ihre frommen Lobgesänge ertönen ließen, verkroch sie sich schamhaft. Es nützte ihr nichts, sich heimlich zwischen die fetten Schwestern schmuggeln zu wollen, um doch noch den Opfergang antreten zu können um nach feierlicher Aufbahrung auf einem reich gedeckten Tisch am Weihnachtsfest in die gelobte Ewigkeit einzugehen. Die Schlachter scheuchten sie mit höhnischem Gelächter beiseite: „Husch, husch, weg mit dir, du Hungerlatte. Keinen Zloty würde uns das magere Vieh einbringen."

Wieder fraß und fraß Jadwiga, betete noch mehr, tat alles, was der große Wladyslaw ihr riet und wurde doch nicht fett. Die Bauersfrau hielt sie von den Gantern fern, damit sie nicht noch weitere dünne Gänse ausbrüte. Bald hätte es auch nichts mehr genutzt, zuzunehmen, denn sie war in ein Alter gekommen, wo das Fleisch einer Gans zäh wird. Sie dachte sogar

des Öfteren daran, ihrem unseligen Leben selbst ein Ende zu bereiten. Doch wusste sie nicht, wie sie das anstellen sollte.
Inzwischen waren auch die Kinder des Bauern größer geworden und übernahmen nun oft das Füttern der Hühner und Gänse. Es fiel ihnen auf, wie Jadwiga immer allein abseits der anderen Gänse stand. Sie tat ihnen Leid, weil sie so mager und traurig war.
„Sie ist so dünn und schon alt. Bestimmt friert sie im Winter. Wir nehmen sie mit ins Haus“, entschieden die Kinder. Sie entwickelten große Zuneigung zu der alten Gans, die so anhänglich war und dankbar, weil die Kinder sie nicht missachteten wegen ihrer Magerkeit. Sie durfte sich in der riesigen Küche bei den Katzen einkuscheln, die gemütlich schnurrten und von denen keine den Ehrgeiz kannte, so schnell wie möglich fett zu werden. Die Katzen duldeten sie, weil sie Respekt vor ihrem Schnabel hatten. Sie lachten allerdings verhalten über Jadwigas Geschichten von der heiligen Opferrolle der Gänse. Eine Katze, meinten sie, habe neun Leben und würde die alle aufs Beste genießen. Ohnehin seien am Ende im Himmel alle Tiere gleich.
Für die restlichen Jahre ihres Gänselebens war Jadwiga nun mit dem Schicksal versöhnt. Sie sagte sich, dass es vielleicht gar nicht so schlimm sei, nicht das Weihnachtsfest auf einem prächtigen Tisch zu krönen, wenn man stattdessen alljährlich an den vielen Festen von Ostern bis Weihnachten im Kreise der Menschen und Katzen teilnehmen konnte. Nur wenn sie ihre prächtigen Schwestern goldbraun aufgebahrt zwischen all dem Kristall und Tafelsilber sah, spürte sie ein wenig Wehmut. Dann aber tröstete sie sich, dass sie schließlich am Ende auch in den Tierhimmel käme und Gott es mir ihr nicht so schlecht meinen konnte, wenn sie so ein feines Leben führen durfte.
So überlebte sie alle ihre Gefährtinnen und sogar den Prediger Wladyslaw um viele Jahre. Schließlich legte sie sich eines Tages satt und des Lebens müde in eine Ecke und starb mitten im friedlichen Schlaf. Die Kinder schaufelten ihr ein Grab, taten sie in einen Pappkarton, über den sie Erde häuften und Blumen streuten. Dann trat Jadwiga die Reise in das ewige Reich der Tiere an. Hier traf sie all ihre alten Bekannten und

Verwandten wieder. Zu ihrem Glück war den Seelen der Gänse nicht mehr anzusehen, ob sie einst dick oder dünn gewesen waren. Im Gegenteil, Jadwiga gelangte zu großem Ansehen, weil sie infolge ihres langen Lebens endlose Geschichten und Erlebnisse mit Menschen und Tieren zum Besten geben konnte. Sogar Wladyslaw lauschte ihren Erzählungen hingegeben. So wurde sie am Ende in der Schar der himmlischen Gänse zu einer hoch geachteten Seele, auch wenn sie nie auf einem weihnachtlichen Tisch gelegen hatte.
Im Dorf geht das Gerücht um, Wladyslaws Nachfolger habe sie sogar heilig gesprochen. Und wenn die fromme Gänsegemeinde sich zum schnatternden Gebet trifft, soll man bei genauem Hinhören sogar verstehen können, wie sie ihren Namen rufen.

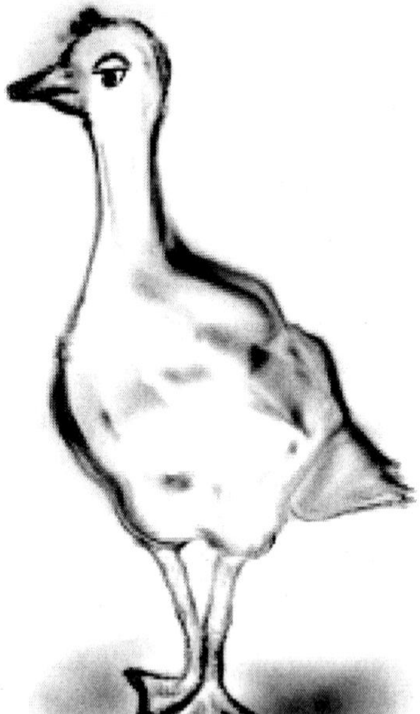

# Die Plakatfrau

Matthias Mross

Schon seit ein paar Wochen hing sie in dem Plakat an der Litfasssäule, hatte sich über nichts beschwert und keine Miene verzogen. Jetzt aber wurde der jungen Frau allmählich zu kalt, man hatte ihr nur Unterwäsche angezogen und der erste Schnee begann zu fallen. Der Winter brach ein.
So fing sie an, von ihrem Plakat herunter zu schauen auf die vorbei eilenden Leute, die alle dicke Mäntel trugen. Wirklich beneidenswert! Da ging niemand, der so unangemessen gekleidet war wie sie, niemand zeigte seine nackten Arme und Beine, und die Jungen auf der anderen Straßenseite hatten sogar Wollhandschuhe übergestülpt.
Die Plakatfrau reckte nun ihre eingefrorenen Glieder, sie begann mit den Hüften zu kreisen und sich die Schenkel zu massieren. Irgendwie musste sie schliesslich warm bekommen.
„Zack“ hatte ihr jemand einen Schneeball auf den bloßgestellten Körper geworfen. Die Jungen auf der anderen Strassenseite klatschten in die Hände vor Freude über den Treffer.
„Zack“ machte es nochmal, und ein zweiter Schneeball klebte an der wehrlosen Plakatfrau.
„Es wird mir langsam zu bunt hier oben“, dachte sie und überlegte, wie sie wohl aus ihrem Gefängnis fliehen könnte. Wie wär's, wenn sie mal dagegen drückte? Oder es mit Strampeln versuchte? Die Plakatfrau bot alle ihre Kräfte auf, sie wollte um jeden Preis weg und stemmte sich gegen die Litfasssäule.
Da sieht man mal wieder, dass sich Ausdauer lohnt! Mit einem Mal rutschte ihr geschmeidiger Körper aus dem Plakat und stand mitten auf dem Bürgersteig. Und jetzt?
Die Frau war einen Moment lang ratlos, wusste nicht, was als Nächstes geschehen sollte. Dann erinnerte sie sich: Sie brauchte Kleider.
„Bitte“, wandte sie sich an den nächstbesten Passanten, „haben Sie nicht eine überzählige Jacke für mich?“

Einen anderen bat sie: „Entschuldigen Sie, ich bräuchte dringend Schuhe, Strümpfe und eine Hose. Könnten Sie mir aushelfen?“
Die Fragen waren höflich gestellt, sie versuchte auch nicht, ihre Nacktheit aufzuspielen oder sonstwie aufzufallen – trotzdem, oder vielleicht gerade deswegen beachtete sie niemand. Keiner der Damen und Herren hielt an, um der Plakatfrau aus ihrer misslichen Lage zu helfen.
„Wie eilig es die Leute haben“, dachte sie verstört. Sie kam sich völlig unbeholfen vor in diesem Menschenstrudel.
Also beschloss sie, obwohl sie barfuß war, loszugehen. Anfangs brannten ihr die Fußsohlen vor Schmerz, bald aber wurden sie vor Kälte gefühllos. Sollte sie in eines dieser üppig dekorierten Geschäfte treten und sich ein Festtagskleid kaufen? Sie versuchte es mehrere Male, aber immer waren die Verkäufer mit jemand anderem beschäftigt und schenkten der Plakatfrau keine Beachtung. Und wenn sie es getan hätten – wo sollte eine Frau ohne Handtasche eine Geldbörse hernehmen? Ohne Bezahlung durfte sie nicht einmal einen warmen Händedruck erhoffen.
Nein, die Geschäfte waren nicht das Richtige, hier würde sie nie an das kommen, was sie brauchte. Durchgefroren und ziellos irrte sie durch die Stadt, versuchte es wieder mit Betteln, erhielt aber nichts. Niemand erkannte ihre Not. Bald war die Plakatfrau völlig entkräftet und gab jegliche Hoffnung auf Rettung auf. Ihr blieb nichts, als immer nur weiter zu schwanken, bis sie tot umfallen würde. Sie machte sich keine Illusionen mehr über die Menschenfreundlichkeit der Menschen, sah traurig ihrem Ende entgegen – bis sie den Nikolaus traf.
Halb benommen murmelte sie:
„Wenn ich diesen Mantel, diese Stiefel und diesen wunderbaren Flauschebart hätte: Mir würde nimmermehr kalt werden.“
Der Nikolaus drehte sich um und sah unter seinen buschigen Augenbrauen hervor: „Willst du sie haben?“
Die Plakatfrau war plötzlich hellwach. Jemand hatte ihre Worte gehört, hatte ihre Worte verstanden und darauf geantwortet.
„Wer bist du?“, fragte sie erstaunt zurück. „Und wie kommt es, dass du

auf mich verlassene Plakatfrau acht gibst?"
„Nun, das ist einfach zu erklären: Ich bin eine als Nikolaus verkleidete Schaufensterpuppe. Tagein, tagaus stand ich in einem überheizten Geschäft hinter der Glasscheibe – stand da und schwitzte in meinem Pelz, doch niemand befreite mich, nicht einmal den obersten Knopf öffnete man mir, so sehr ich auch darum bat. Wie froh bin ich, dass sich mal jemand für mich interessiert."
„Ja, ich interessiere mich für dich. Ich finde dich wirklich stattlich in deiner Aufmachung. Was willst du dafür?"
Der Nikolaus senkte, um besser nachdenken zu können, den Kopf. Dann blickte er wieder zur Plakatfrau, die vor Kälte und Ungeduld von einem Bein auf's andere hüpfte. Ein mitleiderregender Anblick!
„Geld brauche ich keines", sagte der Nikolaus. „Wozu würde es mir auch nützen in meinem Schaufenster? Für etwas Zuneigung, ich meine, so für ein, zwei Küsse, wäre ich sehr dankbar..."
Das liess sich die halberfrorene Frau nicht zweimal sagen. Rasch schmiegte sie sich an ihn, er beugte sich zu ihr herab, es gab ein schmatzendes Geräusch und da hatte der Nikolaus, was er wollte.
Daraufhin bekam sie, wie versprochen, seine Kleider, die ihr zwar etwas zu weit waren, aber sofort wärmten.
„Wie angenehm", rief die Plakatfrau aus, „so gut ist es mir schon lange nicht mehr gegangen!"
„Und mir erst", antwortete Nikolaus, der jetzt nur noch eine nackte Schaufensterpuppe war, „so werde ich es eine Weile aushalten können. Ich hoffe nur, dass mir mein Chef in Zukunft andere Kleider gibt."
Plakatfrau und Nikolaus verabredeten, sich im Frühjahr nach getaner Arbeit wieder zu treffen – wer weiss, ob aus Zuneigung nicht eine feste Beziehung werden kann? Dann trennten sie sich, indem jeder in seine Richtung ging: Die Schaufensterpuppe stellte sich wieder in ihre Vitrine, die Plakatfrau hängte sich zurück an die Litfasssäule. Dort verbrachte sie den langen Winter, aber nicht in der blöden Unterwäsche, sondern in warmer Nikolauskleidung.

# Ein Duden von Sankt Nikolaus

Angela Gabel

jedes Jahr sucht allerorten
Sankt Nikolaus die Kinder auf
gar manches Mal muss er sich sputen
in seinem großen Hürdenlauf

denn die Mädlein und die Buben
haben Wünsche ohne Zahl
und vom Gameboy bis zum Duden
bringt Gaben er ins Erdental

das mit dem Duden ist kein Witz
den wünschte sich der kleine Fritz
denn der wollte Dichter werden
ein ganz berühmter hier auf Erden

der Nikolaus hat lang gegrübelt
denn Rechtschreibung ist heut nicht leicht
hat diesen Wunsch auch nicht verübelt
dass Fritzchen wortgewandt geeicht

und schon beim nächsten Weihnachtsfeste
erklang, was Fritz ersonnen hat
aus hellem Kindermund verkündet
und wer es hörte, der war platt

auf Schmuckpapier in Schönschreibschrift
hat er geschrieben sein Gedicht
und trug es vor mit lauter Stimme
dass Aufmerksamkeit er gewinne

sein erstes Werk ward unvergessen
die Pointe hatte gut gesessen
für einen Knirps von grad acht Jahren
klang sein Gedicht sehr welterfahren:

„Hallo, lieber Weihnachtsmann
kommst vom Nordpol dann und wann
mit RENN-Tieren und Schlitten her
SCHNELL – alle Gaben nur zu MIR....“

und wer es noch nicht hat verstanden
von den Onkeln und den Tanten
dem reichte dann der kleine Wicht
sein Schmuckpapier mit dem Gedicht

# Eine besondere Weihnachtsgeschichte
## oder wie kuriere ich Christbaumdiebe

Rainer Meyer

Die Adventszeit, eine Zeit der Stille, der Einkehr und des Friedens. Nicht so für Hieronymus Hinterdobler. Wenn er sich an die Adventszeit erinnert, mischen sich zwischen den Duft frischer Plätzchen und des Kleetzenbrotes, die Wutausbrüche seines Vaters.
Nicht dass der Xaver ein gewalttätiger Mensch gewesen wäre, er liebte seine Familie und seinen Beruf, aber als Förster betrachtete er die Baumkulturen als sein Eigentum und so hatte er es sich in den Kopf gesetzt - und das Jahr für Jahr - jeden Christbaumdieb zu erwischen. Was ihn dann wurmte, dass es immer wieder einigen dieser Exemplare gelang, der Bestrafung durch Xaver Hinterdobler zu entgehen.
So erwarteten Hieronymus und seine Mutter Babette jedes Jahr die Adventszeit mit gemischten Gefühlen. Sämtliche Versuche der Babette Hinterdobler, ihren Gatten zu besänftigen oder gar abzulenken, schlugen fehl. Jedes Mal, wenn dem Vater ein Christbaumdieb auskam, wurde er trotz der staaden Zeit fuchsteufelswild. In Ihrer Not schüttete die Försterin dem Hochwürdigen Herrn Pfarrer Bartholomäus Premselbeck ihr Herz aus. Der Pfarrer und der Förster kannten sich vom wöchentlichen Stammtisch sehr gut. Hochwürden versuchte dem Xaver ins Gewissen zu reden, doch Xaver lehnte die Beschwichtigungsversuche damit ab, dass er als Pfarrer sich nicht in seine Angelegenheiten einmischen sollte. Eher sollte er ihm helfen und sich vom Bischof im Falle der Christbaumdiebe vom Beichtgeheimnis entbinden lassen. Dann könnte er ihm helfen den Frevlern habhaft zu werden.
Zur Försterin sagte Bartholomäus mit einem Kopfschütteln: „An so einem sturen Schädel zerschellt selbst ein Pfarrer."
Aber eines Tages, es war wieder Adventszeit, Hieronymus und seine Mutter stellten sich schon wieder auf die Wutausbrüche des Vaters ein.

Aber nichts dergleichen geschah - was war passiert?
Babette konnte es nicht glauben, sie fragte sich, woher ihr Ehemann seine Ruhe und Gelassenheit herhatte. Hatte er eine Gehirnwäsche bekommen? Doch wir wollen alles hintereinander erzählen:
Es war wieder Adventszeit. Zum Unterschied der Jahre vorher war Xaver dieses Mal die Ruhe und Hilfsbereitschaft in Person. Er half seiner Frau Babette im Haushalt und zeigte auf einmal Interesse für das Backen, wobei aber Babette ihre Männer bald aus der Küche verbannte, weil diese sich das Ziel gesetzt haben, die Plätzchen roh zu verzehren.
Hieronymus traute sich gar nicht, seinen Vater zu fragen, woher der Sinneswandel kam. Im Stillen erhoffte er sich, irgendwann eine Erklärung zu bekommen; seiner Mutter ging es ebenso. Die Försterfamilie genoss eine ruhige, besinnliche Adventszeit. Der Förster blieb auch jeden Abend zu Hause, stopfte sich seine Pfeife, und lehnte sich verschmitzt lächend in seinen Sessel zurück.
Babette fragte bei Hochwürden Premselbeck nach, ob er ihren Gatten seinen sturen Schädel, doch zurechtgerückt hätte, so als pfarrerische Respektsperson. Premselbeck lachte und sagte nein. Er wisse nicht, wer von ihnen beiden, Pfarrer oder Förster, mehr Respektsperson ist. Doch auch Hochwürden bemerkte, dass sich der Förster geändert hatte, denn selbiger war während der adventlichen Stammtische richtig lustig. Im Stillen erhoffte sich auch Hochwürden, wie Hieronymus und Babette eine Erklärung für diesen plötzlichen Sinneswandel.
So verging die Zeit und es war mit einem Mal Heiligabend. Es war im Försterhause Tradition, dass Xaver mit seinem Sohn an diesem Tag die Wildfütterungen beschickte. In der Zwischenzeit wurde im Forsthaus von der Försterin der am Tage zuvor aufgestellte Christbaum geschmückt. So war es auch diesmal. So gegen 16 Uhr erhob sich Vater Hinterdobler, ging in die Holzlege, hängte seinen Hänger ans Auto und bat seine Frau und seinen Sohn, sich anzuziehen und ins Auto zu steigen. Er erklärte ihnen unmissverständlich, dass die Familie heuer den Weihnachtsabend auf etwas andere Weise verbringen würde. Hieronymus fragte verzagt und leise, ob es denn heuer keine Geschenke geben sollte und was mit

dem Kirchgang, den er überhaupt nicht mochte, werden sollte. Förster Hinterdobler erklärte, dass sie jetzt etwas arbeiten müssten, der Pfarrer auf die Försterfamilie verzichten muss und die Geschenke es draußen im Wald gäbe. Babette und Hieronymus blickten sich erstaunt an, getrauten sich aber nicht dem Förster ob seines entschlossenen, keinen Widerspruch erlaubenden Ausdrucks, zu fragen oder gar eine Erklärung zu verlangen. So fuhr die Försterfamilie mit Auto und Hänger durch die Gemeinde. Warum?
Er erklärte ihnen, dass sie Christbäume einsammeln würden. Seine Frau und sein Sohn müssen geschaut haben, wie wenn man einem Mockel den Tränkeimer wegnimmt. Der Förster lachte, und erklärte:
Sein Holzhauer, nebenbei Schweinemäster, hat ihn auf die Idee gebracht. Mit Beginn der Kälte und noch in den ersten Adventstagen wurden alle Kulturen, die von Christbaumdieben heimgesucht werden könnten, per Schwemmfass mit „Säuscheiße“ präpariert. Immer zu einer Zeit, wo es niemand bemerkte.
Babette und Hieronymus verstanden immer noch nichts.
Geduldig erklärte der Vater weiter: Wenn jetzt einer einen Baum abschnitt, so bemerkte der Frevler nichts, wehe aber der Baum stand längere Zeit in der Wärme eines Raumes - der Säugestank wurde unerträglich. Xaver fragte seine Frau, ob sie sich vorstellen könnte eine Geruchskombination von Punsch, Weihnachtsgebäck, und -Säuodel?
Babette schaute ihren Mann an, und sagte nur ein Wort: „Fürchterlich!“

Nachtrag:
Am 2. Weihnachtsfeiertag in aller Früh besuchte der Förster den Pfarrer in seiner Kirche und fragte diesen, ob er beichten könne. Hochwürden verstand die Welt nicht mehr. Erstaunt fragte er: „Xaver bist du katholisch worden?“ Der Förster war nicht umzustimmen und so setzten sich beide in den Beichtstuhl. In dem selbigen erleichterte der Förster sein Gewissen, sehr zur Erheiterung von Hochwürden Premselbeck, als dieser sagte, er wisse jetzt, warum zur Kindermesse am Nachmittag, außer ein paar alten Frauen, niemand da war. Die mussten neue Christbäume besorgen!

Dafür war die Mitternachtsmesse seit langen Jahren wieder gut besucht. Hochwürden konnte sich ein Lachen nicht verbeißen, erklärte seinem protestantischen Stammtischbruder, dass das, was dieser getan habe, keine Sünde sei.

Epilog:
Das Jahr darauf kam kurz vor Heiligabend ein Bauer Namens Sixtus zu Förster Hinterdobler, um einen Christbaum zu kaufen. Der Förster sagte: „Souch da aan aus!“
Bauer Sixtus wurde fündig und als es ans Zahlen ging, druckte er noch schüchtern herum und fragte mit einer gewissen ihm eigenen Naivität: „Du Förster hourch amal, stinkt der Christbaam?“ Xaver Hinterdobler bekam große Augen, schmunzelte und sagte zu Sixtus: „Wennst den Baam zaoulst (zahlst), dann stinkt der need!“

# Eine ganz besondere Weihnachtsüberraschung

Marielle T. Juneau

Kai schlenderte nachdenklich die menschenüberfüllte Einkaufsstraße entlang. Von überall her ertönten weihnachtliche Klänge und würzige Düfte strömten durch die kalte Abendluft. In wenigen Tagen war Heilig Abend und alle waren damit beschäftigt, noch schnell die letzten Geschenke zu besorgen. Auch Kai musste noch ein passendes Präsent finden. Und zwar für seine neue Flamme Anita. Anita war genau die Frau, die er sich schon immer erträumt hatte: Hübsch, blond, zierlich, charmant und ...reich. Und genau dieser letzte Punkt ihrer vielen Vorzüge bereitete ihm große Sorgen; zumindest im Moment. Bedingt durch ihre Zugehörigkeit zur besseren Gesellschaft musste es nun mal leider auch ein besseres Geschenk zu Weihnachten sein. Zumal Kai sowohl Anita als auch ihre ihm bislang noch völlig unbekannten Eltern nur zu gerne beeindrucken wollte. An Heilig Abend war er auf Anitas Drängen zu den Familienfeierlichkeiten eingeladen und wollte es sich nicht gleich mit ihnen verderben. Denn das er ein armer Schlucker war, wussten weder Anita noch ihre Eltern. Und das sollte vorerst auch so bleiben. Also musste er sich schleunigst etwas einfallen lassen.

Vor einem Juweliergeschäft blieb Kai plötzlich stehen und betrachtete seufzend die kostspieligen Auslagen im Schaufenster: Weißgold-Ringe mit Diamanten, aufwendig verarbeitete Colliers, rubin besetzte Armbänder etc. So etwas würde er sich wohl in diesem Jahr ganz sicher nicht leisten können. Kai wollte sich gerade wieder von dem Geschäft abwenden, als die Türe aufging und ein älterer Herr heraustrat. In der Hand hielt er ein kleines Päckchen, das er offenbar soeben in dem Laden erstanden hatte. Das war *die* Gelegenheit! Blitzschnell griff Kai zu, riss ihm das Päckchen aus der Hand und verschwand eilends in der Menschenmenge.

Drei Tage später war es soweit. In bester Laune bereitete Kai sich am späten Nachmittag auf die bevorstehende Familienfeier im Hause seiner möglichen Schwiegereltern vor. Nach einem ausgiebigen Bad in der viel zu kleinen Wanne rasierte er sich sorgfältig sein stoppeliges Kinn und klatsche sich eine ordentliche Portion von dem teuren Aftershave, das ihm eine seiner Ex-Freundinnen vor Ewigkeiten einmal geschenkt hatte, ins Gesicht. Dann warf er sich in seinen geliehenen Smoking, kämmte sich eifrig die Haare und betrachtete nur wenig später voller Zufriedenheit sein durchaus sehenswertes Spiegelbild im Schlafzimmer. Ein flüchtiger Blick auf die Uhr verriet ihm, dass es Zeit war, sich auf den Weg zu machen. Eilends schob Kai das so günstig erworbene Präsent für Anita in seine Smokingtasche und holte noch schnell eine Flasche Champagner aus dem Kühlschrank, ein Überbleibsel aus einem Präsentkorb, den er einmal bei einer Tombola gewonnen hatte. Denn immerhin gehörte es zum guten Ton, auch den Eltern seiner Angebeteten eine kleine Aufmerksamkeit zu überreichen.

Kaum dass der Taxifahrer außer Sichtweite war, betätigte Kai auch schon den messingfarbenen Klingelknopf neben dem schmiedeeisernen Tor der äußerst noblen Villa und wurde nur wenige Augenblicke später mit einer stürmischen Umarmung von seiner neuen Flamme empfangen. Freudig fiel Anita ihm um den Hals und führte ihn sogleich in das schicke Einfamilienhaus. Offenbar konnte sie es kaum erwarten, ihren Eltern endlich ihre neue Liebe zu präsentieren. Lässig zog Kai noch im Flur das kleine Päckchen aus der Jackentasche und reichte es seiner Angebeteten. Behutsam öffnete Anita das Geschenk und brach gleich darauf in lautes Jubelgeschrei aus. Kai grinste von einem Ohr zum anderen. Sein kleines Präsent hatte seine Wirkung anscheinend nicht verfehlt. Ganz Gentleman, der er nun mal war, streifte er seiner Angebeteten den Brillantring über den linken Ringfinger, ehe er ihr ins Wohnzimmer folgte, wo sie bereits von den übrigen Familienmitgliedern erwartet wurden. Theatralisch stellte Anita sich neben Kai, um ihn erst einmal ihrer Familie vorzustellen. Mit einem charmanten Lächeln trat Kai auf Anitas Mutter zu und überreichte ihr mit einer höflichen Geste die noch eisgekühlte Aufmerksamkeit aus seinem heimischen Kühlschrank. Noch bevor sich die Dame des Hauses jedoch bei ihm bedanken konnte, vernahm Kai plötzlich von der Seite eine raue Männerstimme: „Na, das nenne ich aber eine gelungene Weihnachtsüberraschung! Wer hätte wohl gedacht, dass wir uns noch einmal wiedersehen?“ Anita warf ihrem Vater einen fragenden Blick zu: „Ihr kennt euch?“ Kai brach bei dem Anblick des Mannes beinahe zusammen und erklärte mit heiserer Stimme: „Wir haben uns zufällig beim Juwelier in der Stadt getroffen!“

*Eine satirische Erzählung von einem allzu menschlichen Weihnachtsengel, der von seiner Aufgabe eines Erdenflugs leicht überfordert ist.*

# Ein Engel auf Erden

Yvonne Habenicht

Paul hatte sich gleich gefragt, ob er für die Aufgabe wirklich der Richtige sei. Aber bitte, wenn sie es nicht anders haben wollten. Oberengel Vincent war schließlich der Leiter des Projekts, das sich „Engel auf Erden zur Weihnacht“ nannte und wenn der meinte, Paul solle als Weihnachtsengel hinunterfahren, so tat er es eben. Im Allgemeinen wurden ja als Weihnachtsengel eher zarte, blondlockige Mädchen gesandt, deren bloßer Anblick schon ein Wohlgefallen war, und nicht dickbäuchige männliche Engel mit schütterem Haar. Obendrein war Paul schon zu Lebzeiten extrem schusselig gewesen, was ihn schließlich auch das Leben gekostet hatte, als er sich im Labor irgendein kräftiges Gift statt des Süßstoffs in den Kaffee gekippt hatte.
Beim Durchqueren der dicken Wolkendecke und dem anschließenden

Flug durch heftiges Schneegestöber war Paul nicht ganz wohl zu Mute und er hätte Vincent allzu gern verflucht, wenn sich das für Engel nicht streng verboten hätte. Als Erdwesen war er nie schwindelfrei gewesen und er war noch nicht lange genug Engel, um diese Eigenschaft gänzlich abgelegt zu haben. Die Sicht war schlecht, selbst für einen Engel. Mit einem kräftigen Plumps landete er schließlich auf der Spitze eines Kirchturms, dessen ohrenbetäubendes Glockengeläut ihm den Kopf dröhnen ließ.

Ehe er noch Zeit fand, sich nach einem besseren Platz umzusehen, hatte sich vor der Kirche schon eine große Schar Gläubige versammelt und starrte zu dem rundlichen Himmelsboten hinauf. Der Priester und die Mönche des angrenzenden Klosters kamen herbeigeeilt, und alsbald erscholl ein vielstimmiges Halleluja-Geschrei zu ihm herauf. Nun dachte sich Paul, da es schließlich seine Aufgabe sei, die frohe Weihnachtsbotschaft zu verkünden und die Menschen zu erfreuen, sei dies der geeignete Ort und Augenblick. Er setzte zum Fluge an und segelte – zugegebenermaßen ziemlich plump - herunter, wo er würdigen Schrittes, von der erregten Menge gefolgt, die Kirche betrat. Der Organist hieb und trat enthusiastisch in die Orgel, vergriff sich aber vor Aufregung kräftig in den Tönen, was der großartigen Erscheinung eines leibhaftigen Engels in der Kirche jedoch keinen Abbruch tat.

Vom Priester, Abt, Ministranten mit weit aufgerissenen Augen und weichen Knien gefolgt, ging Paul auf den Altar zu, wo er Flügel und Arme ausbreitete. Die Gläubigen fielen auf die Knie, auf seinen Segen hoffend. Wie gesagt, Paul war ein noch unerfahrener Engel. Noch nie hatte er einen Segen erteilt oder eine Predigt gesprochen. Im Erdenleben hatte er zwar ab und zu die Kirche besucht, die Predigten allerdings meist verschlafen.

„Valus, primus, sancta crucius, selectus!“, rief er mit heiserer Stimme. Wenigstens ein wenig Latein hätte man ihnen im Himmel beibringen können. Selbst die Lateinkundigen unter den Kirchgängern waren viel zu hingerissen von dem Erlebnis, um auf die Worte zu achten. Dem Priester jedoch klappte der Mund auf, und er starrte den Himmelsboten ziemlich

verdattert an. Paul aber kam in Fahrt.
„Liebe Menschen", rief er aus, „mein himmlischer Projektleiter, der heilige Vincent, hat mich bestimmt, euch die weihnachtliche Botschaft zu überbringen."
Spätestens beim „himmlischen Projektleiter" fuhren bei einigen Ministranten und jugendlichen Anwesenden verstohlen die Hände vor die Münder. Unbeirrt fuhr Paul fort: „Seht, geradewegs in eure Kirche bin ich gekommen, um euch zu zeigen, dass wir Engel immer unter euch sind. Heute bin ich für euch ausnahmsweise sichtbar, doch meist schleichen wir unsichtbar zwischen euch herum und passen auf, dass euch nichts geschieht. Nachdem ihr mich nun gesehen habt, erzählt allen, dass es Engel wirklich gibt. So, nun habe ich noch viel zu tun auf der Erde, denn ich will mich noch vielen Leuten zeigen."
Sodann patschte er dem Priester die Hand auf den Kopf und sagte: „Wie dieser hier, gehet nun in Frieden heim zu Frau und Kind, esst und trinkt! Lasst es euch wohl sein mit meinem Segen!"
Des Priesters Gesicht lief dunkelrot an, angesichts der Aufforderung, zu Frau und Kind heimzukehren. Während sich nun doch einige krampfhaft auf die Lippen bissen, deutete er die Worte so, dass man im Himmel von seiner Verfehlung wusste. Tatsächlich hatte er mit seiner Haushälterin ein Kind gezeugt. „Vergib, vergib, ich werde beichten und mein Amt niederlegen", murmelte er kaum hörbar.
„Na fein", meinte Engel Paul, schritt aus der Kirche und flog davon.
Den genauen Ablauf seines Erdenfluges hatte er in seiner üblichen Schusseligkeit längst vergessen. Allerdings stellte sein bloßes Erscheinen ohnehin jede Planung in den Schatten. Die lang gesuchten Juwelendiebe Hannes und Stefan ließen vor dem Juweliergeschäft ihr Einbruchswerkzeug fallen und ergriffen schreiend die Flucht, als sie des Engels ansichtig wurden. Dem Engel, dem keine Tür verschlossen war, kam daraufhin die Idee, mit einigen schönen Stücken aus dem Schaufenster, Menschen eine Freude zu machen. Als ihm auf der stillen Fußgängermeile ein verträumtes Liebespärchen begegnete, gab er ihnen unversehens seinen Segen und legte dem zitternden Mädchen eine hochkarätige Kette

um den Hals. Bevor sich die zwei noch von dem Wunder erholt hatten, erschien Paul am Tisch der ahnungslosen Familie Köhler. Als der beleibte Engel seine leuchtenden Hände hob und das Weihnachtsmahl segnete, verschluckte sich Vater Köhler an einem Gänseknochen. Die Kinder verkrochen sich angstvoll unter dem Tisch und der alte Kater schielte böse und sträubte fauchend das Fell. Für den mühsam nach Luft ringenden Vater musste der Notarzt geholt werden.

Engel Paul jedoch gedachte nun der Kranken und erschien im städtischen Krankenhaus, wo der Chirurg vor Schreck prompt den eigenen Zeigefinger statt des vereiterten Blinddarmfortsatzes des Patienten abschnitt. Auch trug es später nicht zum guten Ruf des Krankenhauses bei, dass die ohnmächtige Oberschwester im Bett eines sehr attraktiven Patienten gefunden wurde.

Eine Frau, in deren Küche er erschien, um der fleißigen Köchin seinen Weihnachtssegen zu spenden, ließ prompt den heißen Topf auf den neuen Küchenboden fallen, wo er eine hässliche Brandstelle hinterließ. Der Frau sagte man zukünftig nach, sie sei eine heimliche Trinkerin, nachdem sie den Schaden mit dem Erscheinen eines Engels erklärt hatte.

Der Bürgermeister fiel zähneklappernd auf die Knie und gestand all seine Sünden, angefangen von den Reisen auf Steuerkosten bis hin zu der Beteiligung an zahlreichen Bauspekulationen, als Paul an seinem Tisch die Flügel ausbreitete und „Frohe Weihnacht, üb immer Treu und Redlichkeit!“ deklamierte.

Der Armen gedenkend, führte Engel Paul schließlich ein Heer von Obdachlosen in ein Nobelrestaurant, während die Kellner zitternd auf die Knie fielen und die Gäste teils erbebten, teils die Hände falteten, gab er den Frierenden, Hungernden und Durstenden die Erlaubnis, sich an allem, was Küche und Bar hergaben, gütlich zu tun.

Bevor Paul jedoch noch weitere gute Taten anrichten konnte, kam aus himmlischen Höhen eine starke Hand, packte ihn im Genick und zog ihn schnurstracks in die Ewigkeit zurück.

In der von Paul heimgesuchten Stadt jedoch blieb dieses Weihnachtsfest unvergessen. Die Gläubigen, die sein Erscheinen in der Kirche erlebt hatten, gerieten später in heftigen Streit. Einige glaubten fest an die Erscheinung, Andere hielten das Ganze für einen bösen Streich. Der Priester, der unter dem Eindruck des Engels seine Untugend bekannt hatte, wurde exkommuniziert.

Das Pärchen aus der Fußgängerzone wurde wegen Einbruchs und Diebstahls verhaftet. Die Behauptung des Mädchens, ihr sei ein Engel erschienen, der ihr die Kette umgelegt habe, trug zwar nicht zu ihrer Entlastung bei, aber zu mildernden Umständen infolge mangelnder Zurechnungsfähigkeit.

Dem Familienvater musste der verschluckte Knochen operativ entfernt werden, so dass er sogar das Neujahrsfest noch bei Suppendiät im Krankenhaus verbrachte.

Dem Chirurgen konnte man zwar den Finger wieder annähen, doch zur Weihnachtszeit rührte er nie wieder ein Skalpell an.

Die noble Gaststätte musste nach dem üppigen Gelage der Obdachlosen in der Heiligen Nacht gänzlich renoviert, das Mobiliar teilweise erneuert werden. Die Obdachlosen dagegen schwelgten noch lange in Erinnerungen an das großartige Festmahl jener Weihnacht, in der der Engel erschien.

Bei den Juwelendieben führte die Begegnung mit dem Engel zu einer unerwarteten Wandlung. Sie gründeten eine freikirchliche Gemeinschaft mit dem Namen „Brüder des Engels“ und führten von da an ein untadeliges, frommes Leben.

Vincent wurde der weihnachtlichen Projektleitung enthoben und nachdem er Pauls Chaos auf der Erde mit „der verdammte Idiot gehört auf die letzte Wolke“ kommentiert hatte, wurde er wegen Fluchens für einige Zeit als Heizer in die Hölle strafversetzt.

Paul ließ man jedoch nie mehr auf die Erde. Er wurde zum Putzen der Schneewolken abkommandiert und jeweils zur Weihnachtszeit unter strengster Beobachtung gehalten.

# Ein Hund versteht die Welt nicht mehr

Judith Frischholz

Oh je, hatte ich ein komische Woche! Das muss ich euch mal erzählen. Erst einmal zu mir. Ich heiße Whisky Barfuss und bin ein Prachtexemplar von Hund. Whisky heiße ich wegen meiner tollen goldenen Farbe und Barfuss, na ja, weil ich halt keine Schuhe anhab. Ich lebe eigentlich ein ganz gemütliches Leben bei meinem Frauchen, also bis auf diese Woche. Montag fing alles an. Mein Frauchen hat ganz viele verschiedene Sachen auf den Tisch gestellt und buntes Papier geholt. Dann wurde es schon etwas komisch. Mein Frauchen hat nach und nach das bunte Papier um Socken, Mixer, Krawatten und andere Sachen gewickelt. Das kannte ich aber schon. Das heißt Geburtstag und ein Mensch muss dann ganz alleine wieder das ganze Papier runter reißen. Der Arme!
Eine Stunde später war mein Frauchen mit Einwickeln dann fertig und ist einkaufen gegangen. Ich musste leider zu Hause bleiben. Um mir die Zeit zu vertreiben dachte ich mir, dass ich dem armen Menschen, der Geburtstag hat, helfe und schon mal das ganze Papier wieder entferne. Das war ganz schön harte Arbeit, weil da auch noch viele Schnüre drum rum waren, aber was tut man nicht alles um einen Zweibeiner eine Freude zu machen. Als mein Frauchen vom Einkaufen zurückkam, war ich sehr stolz auf mich und wartete schon auf meine Streicheleinheiten. Aber denkste! Mein Frauchen schlug die Hände über dem Kopf zusammen und schimpfte wie ein Rohrspatz! So was Komisches!?! Aber es wird noch verrückter! Einen Tag später brachte mein Frauchen einen Baum nach Hause. Einen Baum mitten in der Wohnung! Da habe ich mich sehr gefreut, weil Bäume mag ich sehr gern. Normalerweise sehe ich die nur beim „Gassi gehen". Das war wohl meine Belohnung für das Auspacken der Geschenke. Und wie gut dieser Baum auch noch roch! Da war ja noch gar kein anderer Hund dran gewesen und das ist wirklich eine Seltenheit. Damit auch jeder weiß, dass das mein Baum ist, hab ich ihn erst einmal markiert. Gott sei

Dank war ich noch nicht Gassi und hatte genug Pipi, um den ganzen Stamm rundherum zu begießen. Mmh, wie herrlich das roch! Mein Frauchen fand das aber wieder nicht so toll und schimpfte schon wieder mit mir. Ich verstand die Welt nicht mehr.
Einen Tag später hängte dann mein Frauchen als Entschuldigung lauter Bälle für mich an meinen Baum. Da freute ich mich sehr. Jetzt konnte ich mir jederzeit einen Ball holen und damit spielen. Aber stell euch vor, kaum holte ich mir einen Ball, schimpfte mein Frauchen schon wieder. Ich wusste wirklich nicht, was diese Woche los war.
Als dann noch alle Verwandten von meinem Frauchen kamen und meinen Baum mit meinen Bällen bestaunten, bekam ich schon wieder Ärger. Woher sollte ich denn wissen, dass, wenn alle singen, ich nicht mit singen darf? Dabei hab ich mich so bemüht, die Töne zu treffen.
Jetzt reichte es mir. Ich hab mich einfach in meine Lieblingsecke gelegt und mich gar nicht mehr bewegt. So konnte ich ja nichts mehr falsch machen. Alle Verwandten rissen diesmal zusammen das bunte Papier von den Sachen runter. Ist auch gerechter, wenn das nicht nur einer machen muss. Ich hab aber nicht geholfen, ich war beleidigt.
Später kam mein Frauchen zu mir und gab mir einen riesigen Knochen mit buntem Band drum herum. Dazu sagte sie „Frohe Weihnachten". Jetzt war die Welt für mich wieder in Ordnung. Und falls es dieses Weihnachten noch einmal geben sollte, werde ich versuchen, noch mehr anzustellen. Dann bekomm ich bestimmt einen noch größeren Knochen!

# Einmal Nikolaus und nie wieder...

Walter J. Pilsak

Es war in der Nachkriegszeit, anfangs der fünfziger Jahre. Draußen lag der Schnee schon einige Zentimeter hoch, obwohl es erst Anfang Dezember war. Unsere Mutter hatte schon die ersten Weihnachtsplätzchen gebacken. Wir Kinder - das war meine um zwei Jahre jüngere Schwester und ich - konnten es kaum erwarten, dass wir dasjenige Gebäck, das nicht so gut gelungen war, probieren durften. Auch die selbst gemachte Eis-Schokolade, die Mutter auf dem Fensterbrett im Schnee kühlte, war für uns in diesen bescheidenen Jahren eine Delikatesse. Diese lukullischen Naschereien waren für uns - wie wahrscheinlich für unzählige andere Kinder auch - immer ein Teil der Vorfreude auf den Nikolausabend und das Weihnachtsfest.

Obwohl uns bis jetzt noch in keinem Jahr ein Nikolaus in realer Gestalt besucht hatte, umgab uns an den betreffenden Abenden immer ein banges Gefühl. Für dieses Jahr aber prophezeiten uns die Eltern, dass der Nikolaus uns persönlich besuchen würde.

**Geheimnisvolles Treiben**

Einen Tag vor dem Nikolausabend musste meine Schwester abends etwas früher als gewöhnlich ins Bett. Ich durfte ein wenig länger aufbleiben und spielte deshalb noch ein bisschen in der Küche. Dabei bemerkte ich zunächst nicht, dass mein Vater und mein Großvater in der anderen Ecke des Raumes mit etwas hantierten. Nachdem meine Neugierde geweckt war, sah ich mir etwas genauer an, was die beiden Männer dort machten. Sie hatten einen zylinderähnlichen Gegenstand aus Packpapier zusammengeleimt. Auf meine Frage, was dies wohl werden soll, bekam ich nur eine ausflüchtige Antwort. Ich gab mich zufrieden, beobachtete

das Treiben der beiden aber aus gegebener Entfernung weiter. So bekam ich mit, wie aus dem zunächst noch undefinierbaren Gegenstand eine Bischofsmütze wurde.
Am Abend des nächsten Tages war es endlich so weit. Nach Einbruch der Dunkelheit sollte der Nikolaus kommen. Ich saß zusammen mit meiner Schwester und der Großmutter auf dem Kanapee. Uns gegenüber machten es sich die Eltern bequem. So warteten wir rund um den Küchentisch sitzend mit Spannung darauf, dass der Nikolaus endlich erscheinen würde. Nur einer fehlte und das war unser Opa. Aber dieser würde sicherlich etwas später erscheinen, dachte ich mir, da er wahrscheinlich noch etwas zu tun hätte.

## Endlich, der Nikolaus

Da, auf einmal hörten wir von draußen Kettengerassel. Wenige Augenblicke später pochte es schon an der Küchentüre. Gespannt sahen wir mit ängstlichen Blicken auf die Türe, die langsam aufging. Darin erschien eine seltsame Gestalt, die mit einem langen schwarzen Wintermantel bekleidet war. In der linken Hand trug sie zwei Säckchen und einen langen Stock. Im Gesicht hing ein langer Bart, der so weiß war wie Watte und auf dem Kopf saß eine Bischofsmütze, die mir recht bekannt vorkam.

„Das sollte also der Nikolaus sein!" - Mir kam ein leiser Verdacht auf und ich glaubte jetzt zu wissen, warum unser Opa immer noch nicht in unserer Mitte anwesend war! Langsam die Türe schließend, kam der Nikolaus behäbigen Schrittes näher. Mit den Worten: „Einen guten Abend wünsche ich euch allen!", unterbrach er die Stille, in der man zuvor eine Stecknadel hätte fallen hören können.

„So spricht doch nur unser Opa", dachte ich mir, denn die Stimme kam mir recht bekannt vor! Jetzt war ich mir mit meiner Vermutung ganz sicher. Da rief ganz unerwartet meine Schwester: „Opa, Opa!" - Sie hatte dabei einen erstaunten und zugleich erfreuten Ausdruck im Gesicht.

„Das ist doch der Nikolaus und nicht Opa", versuchte die Mutter meine Schwester zu berichtigen.

„Doch, das ist Opa!", setzte sie noch einmal nach.

**Wer war denn nun der Nikolaus?**

Dem Nikolaus dagegen schien es jetzt die Sprache verschlagen zu haben. Er murmelte etwas Unverständliches in seinen Bart, legte die beiden Säckchen auf den Küchentisch und entschwand eiligst unseren Blicken durch die Türe.

„Du, Mama! War das jetzt unser Opa oder der Nikolaus?", meinte meine Schwester etwas unsicher.

„Nein - das war schon der Nikolaus! Er hatte es nur eilig, da er heute Abend noch viele andere Kinder beschenken muss!", sagte Mutter.

„Der Nikolaus hatte aber den gleichen Mantel wie unser Opa - und wo ist denn Opa überhaupt?"

„Der ist heute müde, und hat sich auf sein Kanapee gelegt. Er ist dabei sicherlich eingeschlafen!", erwiderte die Mutter.

Damit war für uns Kinder die Angelegenheit zunächst erledigt. Jetzt waren die beiden Säckchen, die der Nikolaus da gelassen hatte, wichtiger. Darin vermuteten wir nicht zu Unrecht einiges Naschwerk. Unseren Opa bekamen wir an diesem Abend allerdings nicht mehr zu Gesicht. Ihm reichte dieses Verkleidungsspiel mit dem blamablen Abgang wahrscheinlich ein für allemal. Es war das erste und zugleich auch das letzte Mal, dass zu uns nach Hause ein Nikolaus kam!

# Engel „Konstantin" oder woher die Sternschnuppen kommen

Sonja Bartl

Für kleinen Engel Konstantin,
da machte Arbeit keinen Sinn,
obwohl mit Sterneputzen dran,
dacht' dieser nicht im Traum daran!

Mit: „Ooooch, das hat noch massig Zeit,
bis Weihnachten ist es noch weeeeeeit!",
der Bengel – Engel zu sich sprach
und wie so oft ... die Regeln brach.

Tagtäglich gegen Langeweil',
band er sich an ein Glockenseil,
und machte mit „Juhuiiii!" und Schwung,
'nen coolen Bungee Jumping – Sprung.

Er spielte auch auf Wolke neun,
„Ringwurf" mit dem Heiligenschein
und wenn er richtig war in Fahrt,
mit seinen Federn „Himmels-Dart".

Als wieder mal der Schlingeling,
kopfüber an der Glocke hing,
da machte sich Entsetzen breit -
denn Weihnachten war ***nicht*** mehr weit!

Jetzt hieß es: In die Hand gespuckt,
sich sputen, wenn grad' keiner guckt,
polieren, wischen und gewerkt,
damit der Petrus ja nichts merkt.

Um rasch die Sache durchzuzieh'n,
hatt's Bengerl sich von ihm „gelieh'n" -
den Staubsauger! Doch war, oh Schreck,
der Dreck - und auch ein Sternchen weg.

Zu heftig schüttelte er aus
dem Beutel Sternenstaub heraus,
gefolgt von lautem „Klirr" und „Krach" -
(das war der Stern - der grad' zerbrach).

Als Petrus hörte, was gescheh'n,
kam er und sah den Engel steh'n,
im Scherbenhaufen und voll Staub,
der zitterte wie Espenlaub.

Der Engel klimperte ihn dann,
unschuldig mit den Wimpern an,
schob schnell zurecht den Heiligenschein
und bat, er möge ihm verzeih'n.

Der Petrus rief: „Du kleiner Held,
was hast du wieder angestellt?
Hat dich die Schnuppenfee geküsst,
weil Arbeit dir so „schnuppe" ist?

Zum letzten Mal vergeb' ich dir,
doch täglich möchte ich dafür,
dass du Gerätschaften dir borgst
und all den Sternenmüll entsorgst"!

Der Engel hielt tatsächlich Wort
und schaffte wirklich alles fort.
Wohin – womit - den Müll man parkt,
hatt' Petrus aber nicht gesagt.

Bis heute schießt mit Überschall,
der Konstantin den Müll ins All,
wo dieser in der Himmelsluft,
'nen Streifen zieht und dann verpufft.

Wenn manchmal man nach oben sieht
und eine Sternschnuppe verglüht,
dann war bestimmt der kleine Zwerg
von Engel Konstantin am Werk!

# Engelchen im Himmelreich

Sonja Bartl

Endlich ist es nun soweit,
Sie ist da, die Weihnachtszeit!
Heuer, so wie jedes Jahr,
Hat die ganze Engelschar,
Alle Wölkchen abgestaubt,
Sich so manchen Keks erlaubt,
Flügelchen zurechtgestutzt,
Jedes Sternchen blankgeputzt,
Manches Päckchen in der Nacht,
Dem Christkind hinterher gebracht,
Auch den Weihnachtsmann geweckt,
Und ihn ins Gewand gesteckt,.
Rudolph aus dem Stall geführt
Und den Schlitten fest poliert,
Mit Geschenken aufgefüllt,
Petrus einen Streich gespielt,
Oh, Engelchen im Himmelreich,
Was wär' bloß Weihnacht ohne Euch?

# Erstes Türchen

Dieter Christian Ochs

Hosennaht

Wundnaht

Schweißnaht

Weihnachtennaht

Weihnachtennaht ?

Weihnachten naht !

# Es ist Weihnachten, wenn...

Margret Küllmar

Es ist bald Weihnachten, wenn

- der Vater planlos durch Parfümerien und Jubilierläden irrt
- die Mutter Zeitschriften nach Keksrezepten und Dekoideen durchwühlt
- der Opa mit der Werkzeugkiste und einer Zigarre in den Keller geht
- die Oma den Haushalt und den Opa vernachlässigt und nur noch strickt
- die Kinder ohne zu murren Gedichte lernen und ihre Zimmer aufräumen.

Es ist sehr bald Weihnachten, wenn

- der Vater fluchend versucht, den Christbaum in den Ständer zu bekommen
- die Mutter hektisch die viel zu große Pute in den viel zu kleinen Backofen zu schieben versucht
- der Opa die häuslichen Rotweinvorräte überprüft
- die Oma gute Ratschläge erteilt und von früher erzählt
- den Kindern einfällt, dass sie die Weihnachtgesänge mit Blockföten begleiten wollen und mit dem Üben beginnen.

Es ist Weihnachten, wenn
- der Vater seiner Frau strahlend das gleiche Parfüm wie im letzten und im vorletzten Jahr überreicht
- die Mutter völlig erschöpft im Sessel hängt
- der Opa still und vergnügt seinen Rotwein pichelt
- die Oma sauer auf den Opa ist und auf die Jugend von heute schimpft
- die Kinder nicht mit den Geschenken zufrieden sind und Bauchweh von den vielen Süßigkeiten haben.

Es war Weihnachten, wenn
- der Vater fluchend versucht den nadelnden Christbaum aus dem Ständer zu bekommen
- die Mutter mit einem Schrei des Entsetzens von der Waage steigt und sich vornimmt von nun an täglich zu joggen
- der Opa immer noch an den Folgen seines Rotweinkonsums leidet
- die Oma seit Tagen nach dem Geschenk vom Opa sucht
- die Kinder ihre Geschenke bei Ebay versteigern.

Es ist noch nicht so bald Weihnachten, wenn
- der Vater darüber nachdenkt, dass er zum nächsten Fest seiner Frau nicht schon wieder Parfüm schenken will
- die Mutter beschließt, das nächste Fest nicht wieder so aufwändig zu gestalten
- der Opa sich vornimmt, beim nächsten Fest nicht so viel Rotwein zu trinken
- die Oma überlegt, dass sie beim nächsten Fest die Familie nicht mit Strümpfen und alten Geschichten beglücken möchte
- die Kinder feststellen, dass sie das nächste Fest einfach ignorieren wollen.

Es ist wieder Weihnachten, wenn
- alles so abläuft, wie im vergangenen Jahr.

# Flohe Weihnachten

Sonja Bartl

Es ist Österreich ... pardon, es ist der 24. Dezember am frühen Morgen, also Weihnachten in Österreich und noch gar nicht lange her, als unsere Familie (mein Mann, unsere beiden Söhne und ich) meinen Bruder samt Ehefrau und deren zwei Kinderlein zum Mittagessen eingeladen hatten.

So schön hatten wir es uns vorgestellt – genussvolles Mampfen am festlich gedeckten Tisch, eine riesige Pute für 8 Personen, dazu Rotkraut, Semmelknödel und Eisbergsalat, dann gemütliches Beisammensein rund um ein lustig flackerndes Kerzlein, ein paar Spiele mit den aufgeregten Kleinen (oder Walt Disney - Videos, falls uns kein Spiel mehr einfallen würde, um ihnen die Wartezeit bis zum Abend, wo das Christkind kommen sollte, zu verkürzen), am Nachmittag dann ab in die Kindermesse und schließlich Bescherung beim mit glitzernd, sprühenden Wunderkerzen funkelnden Weihnachtsbaum und den darunter hübsch verpackten Geschenken in verschiedenen Größen. Falls die Kinder ein schönes Weihnachtslied oder Gedicht gelernt hätten, würden wir ihnen jene noch rasch vor der mit Scheren bewaffneten Bänderdurchschneide- und Weihnachtspapieraufreißschlacht entlocken.

Alles war da. Die Pute, das Rotkraut, die Zutaten für die Semmelknödel, der Salat, der festlich gedeckte Tisch und der liebevoll geschmückte Christbaum im Nebenzimmer samt akribisch genau und nach System gestapelten Geschenken (um einem vorzeitigen Einsturz des Geschenke - Turmes vorzubeugen), ein paar Spiele und Videos, ein Kerzlein samt bereitgelegtem und sogar funktionstüchtigem Feuerzeug ... es fehlten nur noch die Gäste. Aber diese erwarteten wir ja erst zum Mittagessen in etwa 4 Stunden.

Mein Mann Josef und ich machten uns in der Küche ans Werk, wir hatten sogar am Vortag einen Plan erstellt, wer was wann und wo vorbereitet und kocht, damit wir uns nicht gegenseitig im Wege waren. Während

Josef den Riesenvogel großzügig würzte, in unsere größte Kasserolle quetschte und ins Backrohr zum Braten schob, war ich unterdessen für die Semmelknödel zuständig und bereits damit beschäftigt, den Teig herzustellen. Semmelknödel – in Deutschland sagt man, so glaube ich, Klöße dazu – waren meine Spezialität. Sie sind nicht einfach zuzubereiten, denn ein paar Gramm zuviel oder zuwenig von einer Zutat ... und die Knödel zerfallen im leicht vor sich hin wallenden Salzwasser zu einem blubberndem, unansehnlichen Brei.

Ist mir auch noch nie passiert ... dass sie zerfallen, meine ich ... bis heute, da war anscheinend Premiere der sich nicht binden wollenden Semmelbällchen.

Auweia! Hatte ich etwas vergessen? Ach herrjeee, ich hatte wirklich nicht daran gedacht, Mehl in den Teig zu geben!

Die Uhr an der Küchenwand tickte erbarmungslos weiter, während ich mir den Kopf zerbrach, wie ich diese Situation noch retten könnte. Eine Stunde noch und die Gäste waren da ...

Was also tun? Dann kam mir plötzlich die rettende Idee. Serviettenknödel!!! Du hast noch nie von Serviettenknödel gehört? Sie sind einfacher zuzubereiten, als du denkst. Nein, man macht sie weder **aus** Papier- noch aus Stoffservietten, sondern formt aus dem vorbereiteten Knödelteig eine längliche, dicke Wurst, rollt diese eng **in** eine Stoffserviette ein und bindet sie an beiden Enden mit einer Schnur fest zusammen. Danach legt man das Ganze in einen höheren, länglichen, mit leicht gesalzenem und siedendem Topf mit Wasser und verbaut somit den Semmelwürfelchen jeglichen Fluchtversuch. Nach etwa 45 Minuten ist der Megaknödel fertig, man entrollt ihn elegant ohne sich dabei die Finger zu verbrennen, schneidet einfach Scheiben davon ab und serviert diese Spezialität so zum Hauptgericht.

Hoffnungsvoll machte ich mich an die Arbeit, schöpfte den Matsch mit einer Kelle aus dem Wasser, rührte etwas Mehl und zur Sicherheit auch noch ein wenig Grieß in die Masse und stellte unverzüglich jenen zuvor beschriebenen Serviettenknödel her. Ich war mit meiner Kreation zufrieden. Es wurde zwölf Uhr Mittag und wir warteten auf unsere Gäste.

Es wurde dreizehn Uhr und wir warteten auf die Gäste.
Es wurde vierzehn Uhr und wir warteten noch immer.
Dann begab ich mich zum Telefon und rief bei meinem Bruder zu Hause an.
„Gähn“, war das Erste, was vom anderen Ende der Leitung aus der Muschel an mein Ohr drang.
„Wo bleibt ihr?“, sagte ich aufgeregt, „wir hatten euch doch zum Weihnachtsessen eingeladen!“ – „Was? Heute?“, flüsterte mein Brüderchen, um niemanden aufzuwecken, „ich dachte, ihr hattet uns für morgen eingeladen, in meinem Kalender steht morgen!“
Mein Herz raste und beschleunigte auf Tempo einhundert, meine Augenbrauen zogen sich wie von selbst in Richtung Haaransatz und meine Augen wurden zwei Nuancen größer, ich ließ mir aber meinem Gegenüber nichts anmerken.
„Außerdem waren unsere Kinder vor Aufregung fast die ganze Nacht wach, weil das Christkind ja bald kommt und wir sind alle erst im Morgengrauen eingeschlafen - also die Kleinen schlafen noch ... heute schaffen wir es nicht mehr zu euch, leider“, wisperte er leise weiter.
„Alles klar, dann sehen wir uns also morgen Mittag, zwölf Uhr. Frohe Weihnachten euch allen“, antwortete ich mit verständnisvollem Unterton. Wir hatten ja selbst Kinder und ich weiß, dass da nicht immer alles läuft wie geplant.

Trotzdem musste ich erst dreimal schlucken, bevor ich meiner Familie die derzeitige Situation schonend beizubringen (mit dem Effekt, dass sich nicht nur deren Augen vergrößerten, sondern auch noch jedem die Kinnlade herunterfiel) und wir beschlossen, als wir uns einigermaßen gefangen hatten, das gesamte Weihnachtsritual uns alleine zukommen zu lassen, denn das hatten wir uns nach all dieser Müh und Plage redlich verdient.
Die Pute hatten wir zwar nicht ganz geschafft, sie war aber genauso lecker wie die gelungenen Serviettenknödel samt grünem Salat. Die Kindermesse ließ uns an Zeiten erinnern, als wir selbst noch Kinder waren und bei der Bescherung sangen wir mit unseren beiden Jungs hemmungslos ein paar Weihnachtslieder, deren Text zwar jeweils nach der ersten

Strophe endete, da wir ihn nicht mehr intus hatten. Danach erfreuten wir uns an unseren Geschenken. Die Päckchen für die Familie meines Bruders ließen wir für den morgigen Tag unterm Weihnachtsbaum liegen.

Am nächsten Tag, erschien unser Besuch pünktlich und wir nahmen unsel weihnachtliches Mittagessen im China - Lestaulant ein, wo sich jedel mit Leis und einem selbst gewählten Menü selbst velsolgen konnte.
„Was hätte es denn bei euch gestern zum Essen gegeben?“, fragte mein Bruder kauend, währenddessen langsam ein Stückchen „Hühnerfleisch süß – sauer“ in seinem Munde verschwand.
„Liesenpute mit Lotklaut, Selviettenknödel und Eisbelgsalat“, entgegnete ich deutlich hörbar und wir beide mussten schmunzeln. Na ja, schmunzeln ist etwas untertrieben, wir haben so laut gelacht, so dass sich alle im Restaurant befindlichen Köpfe zu uns drehten und wir Manchem damit sogar ein Lächeln ins Gesicht zauberten.
Auch wenn nicht alles so ganz geklappt hatte, wie wil es tagelang vol dem Fest ausgetüftelt hatten, an dieses Weihnachten elinneln wil uns immel wiedel gelne zulück.

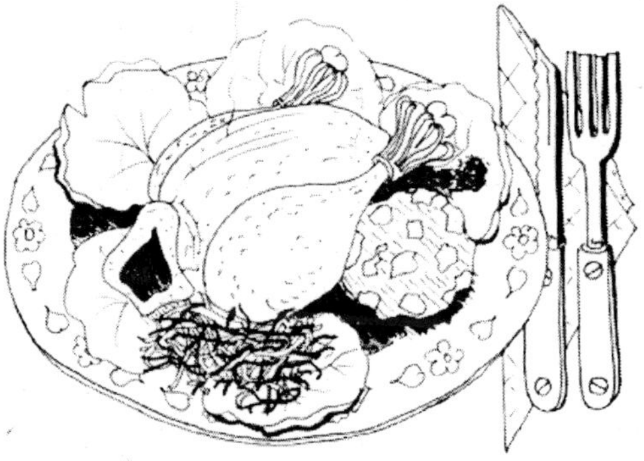

# Friedensboten

Willi Corsten

Schnee bedeckt die weite Flur,
der Wald hüllt sich in Schweigen,
nur eine breite Schlittenspur,
durchzieht den weißen Reigen.

Einsam zieht ein Himmelswesen,
den eis`gen Weg dahin,
hat Wünsche aufgelesen,
schon lang vor Fahrtbeginn.

Fest verschnürt sind alle Päckchen,
für den nächtlichen Transport,
viele hübsche rote Säckchen,
gibt es auch noch dort.

Kurz vor zwölf Uhr in der Nacht,
als alle Kinder schlafen,
hat das Christkind haltgemacht,
weit draußen bei den Schafen.

Weil sie dabei gewesen sind,
einst im Heil'gen Land,
schenkt es jedem nun geschwind,
ein Stückchen gülden Band.

Die Bänder, sorgsam umgebunden,
machen jedes Jahr,
sie für wenige Stunden,
zu Engelshelfern gar.

Die Schafe zieh'n hinaus ins Feld,
vereinen sich zu Herden,
verkünden so der ganzen Welt,
dass Friede wird auf Erden.

# Fröhliche Weihnacht

Willi Corsten

Wie alle Jahre immer wieder,
stets die gleichen süßen Lieder.
Weihnachten in Saus und Braus,
mit Gästen voll das ganze Haus.

Opa, Oma, Schwester, Tante
und auch sonstige Verwandte,
drängen sich auf engstem Raum,
singend um den Tannenbaum.

Klein Kira eilet zu der Krippe,
wirft mit Schafen nach der Sippe
und tritt bei all' dem Firlefanz,
der armen Katze auf den Schwanz.

Das Tier macht einen Riesensatz,
hin zu seinem Lieblingsplatz,
und landet, wie kann's anders sein,
im Baum, mit all dem Kerzenschein.

In Windeseil die Tanne brennt,
die Meute um ihr Leben rennt.
Die Feuerwehr, ... tatü ... tata
das war's dann wohl für dieses Jahr.

# Ganserl mit Biss

Regina Frischholz

*Eine wahre, doch unglaubliche Geschichte*

Weihnachten ist auch die Zeit des Genusses und der kulinarischen Freuden. Auch beim Michlbauer war die Vorfreude auf das Fest rein profaner Natur. Schon der Gedanke auf die knusprige Weihnachtsgans ließ im das Wasser im Munde zusammen laufen. Dumm war nur, dass er kürzlich ein neues Gebiss bekam, an das er sich nur schwer gewöhnen konnte. Diese Kauhilfe störte den Genuss des täglichen Mahls doch sehr.

Die Tage vergingen rasch und das heiß ersehnte Ganserl lag am Weihnachtstag kunstvoll tranchiert und verführerisch duftend auf dem liebevoll geschmückten Festtagstisch. Der Michlbauer ließ es sich nicht nehmen und langte kräftig zu. Doch es kam, wie er befürchtet hatte - die Prothese schien den kräftigen, mit schmatzenden Geräuschen begleiteten Auf- und Abwärtsbewegungen nicht gewachsen zu sein. Der Genuss war dem Michl sehr getrübt.

Nachdem er sich einige Zeit arg abgemüht hatte, platzte ihm der Kragen. Kurzerhand griff er mit seinen derben Fingern in den Mund, packte den Übeltäter und transportierte ihn auf den Stuhl hinter seinem Rücken.

Na also, ohne ging's trotzdem immer noch besser. Jedenfalls musste er sich mit diesem vermaledeiten Ding nicht mehr abärgern. Das Essen schmeckte wieder, die Familie plauderte angeregt, man schien guter Dinge. Der Michlbauer schwitzte allerdings beim Essen, es war doch eine etwas anstrengende Tätigkeit. Er rutschte dabei auf dem Stuhl hin und her. Und nun kam es, wie es kommen muss: Die Kauhilfe fiel auf den Boden! Der Bauer war jedoch mit seinem Essen so sehr beschäftigt, dass er dieses Missgeschick nicht bemerkte. Doch ein Anderer wurde sofort aufmerksam: der Dackel Wastl. Dem entging natürlich nichts, was sich Richtung Boden bewegte, da es sich normalerweise fast immer um

kleine Happen für ihn handelte. Schwupp, schnappte er sich das gute Stück und untersuchte es genauer.
Hhmm, das war fein - es war ja auch mit dem Geruch des guten Ganserl behaftet.

Wastl schleckte genüsslich an dem vermeintlichen Hundehappen. Als der gute Bratenduft restlos wegpoliert war und er merkte, dass dieser Knochen dann doch nicht weiter zu gebrauchen war, ließ er wieder davon ab und verzog sich unter den Tisch, wissend: *Alles Gute kommt von oben,* weiterer Dinge zu harren.

Der Michlbauer jedoch merkte bald, dass es „ohne" ebenso wenig ging als „mit" und fischte mit den Händen hinter den Rücken, um sein „Malefiz-Gebiss", wie er es nannte, zurückzuholen. „Ja wo bist du denn?", brummte er guter Dinge. Sein Blick fiel auf den Boden. „Na so was", grummelte er, bückte sich und holte den „Ausreiser" zurück. Nachdem nach optischer Überprüfung alles in Ordnung schien, wischte er ein paar Mal mit dem Hemdsärmel über das Beißwerkzeug und steckte es nichtsahnend wieder in seine breite Schnute zurück. Der Michlbauer war ein Naturbursche und daher auch nicht ziemperlich!

Sollte es nun Jemanden grausen?
Bleibt zu bemerken, dass Letzterem durch Unwissenheit der Appetit erhalten blieb und Ersterem durch Unachtsamkeit - oder sollte es göttliche Vorsehung sein? - auch zu weihnachtlichem Genuss verholfen wurde.
Auch ein Hund ist schließlich wer!

# Glück fürs neue Jahr

運氣

(chinesisches Zeichen für Glück)

Sonja Bartl

Ich wünsche dir zur Jahreswende
was man Dir nur wünschen könnte:
„Schwein", das zugrunzt im Vorbeigeh'n,
nicht nur eines, sondern dreizehn
und ein platt gepresstes Kleeblatt,
welches ein Blatt mehr als drei hat,
Glückspilz' in der Gartenerde,
Hufeisen von einem Pferde,
einen schwarzen Rauchfangkehrer
und noch and're Glücksvermehrer.
Sollt' Dich zuviel Glück ereilen,
kannst Du's gerne mit mir teilen!

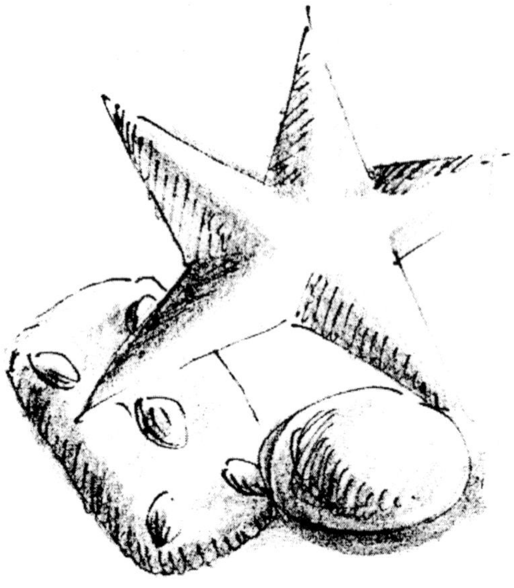

# Glühwein und Kamillentee

Florence Siwak

Weihnachten tut gut - und weh
Ist Glühwein und Kamillentee
Ist frohe Zeit - Gemeinsamkeit
Ist Trauer, Frust und Einsamkeit

Ist Nieselregen, Matsch und Schnee
Weh tut es auch dem Portemonnaie

Mal *zu* viel Nähe - mal zu wenig
Hier ein Bettler - dort ein König

Und fühlst Du Dich mal rundum sauer
Dann denke dran: nichts ist von Dauer
Nimm Natron, geh' allein zu Bett
meide die Nähe und viel Fett

Und irgendwann ist diese Zeit
Wie alles hier - V e r g a n g e n h e i t

# Heiligenschein

Ursula Mayer

Wie jedes Jahr zur Weihnachtszeit,
stand unterm Baum die Weihnachtskrippe bereit.
Ochs und Esel, Schaf und Hirt,
Maria und Josef, das Kind in der Mitt'.

Am Abend knieten wir davor
und brachten unsere Fürbitten vor.
Mit den Engeln singen und frohlocken,
so blieben wir auf dem Stubenboden hocken.

Am Morgen dann, oh Schreck,
das Jesuskind war weg.

Die Kinder sagten, wir waren's nicht
und halfen bei der Suche eifrig mit.
In den Betten, unter Schränken,
unterm Tisch und auf den Bänken.
Verschwunden bliebs, war wie verhext
und Mutter eilte schnelle jetzt
zu unserem Onkel, Gustav Klein,
der schnitzte uns ein neues Jesulein.

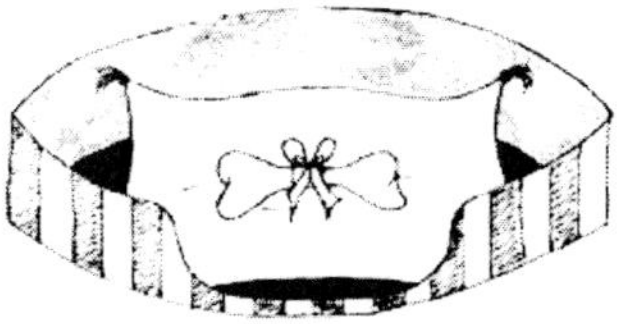

In der Krippe lag's und lächelte strahlend
und hat uns allen sehr gefallen.
Weihnachten konnt's nun werden, alles paletti,
Krippenfiguren, alles kompletti.

Nach Tagen fand man im Korb vom Lumpi,
das ist unser Hundi,
das Christkind völlig abgenagt,
nur noch Späne übrig, wenn ich's euch sag.

Mutter war Lumpi lange bös,
doch wir Kinder vergaßen es.
Wir warteten täglich auf den Heiligenschein,
doch stellte sich keiner bei ihm ein.

Er war doch sicher vom heiligen Geist durchdrungen,
wo er das Christkind hat verschlungen.
Doch nach wie vor war er ein Räuber,
der Lumpi unser Streuner.

Ob mit, oder ohne Heiligenschein,
man wird's dem Lumpi grad noch mal verzeih'n.

# Herzlich willkommen

Willi Corsten

Ungeduldig vor dem Feste,
erwartete ich liebe Gäste.
Pünktlich traf die Freundin ein,
mit ihrem kleinen Töchterlein.

Die Kleine reichte mir die Hand
und grüßte artig mit Verstand,
stürmte dann im Dauerlauf
unbeschwert die Treppe rauf.

Draußen fing es an zu schneien
und die Wäsche hing im Freien,
da sagt die Kleine, halb im Spaß,
das ganze Zeug wird klitschenass.

Ich würde ja an deiner Stelle,
nach unten eilen auf die Schnelle
und für die frisch gewasch'nen Sachen,
Platz in der Veranda machen.

Geschenke wurden ausgetauscht
und froh dem Dankeschön gelauscht,
dann gab es einen Freundschaftskuss
und einen lieben Weihnachtsgruß.

Als ich am Abend war allein,
stellt leise Traurigkeit sich ein,
ich dachte still, ich mag euch sehr
kommt bitte, bitte öfter her.

# Hexengebräu zum Jahreswechsel

Sonja Bartl

Lies, was Hexe Besenkraut,
dir zum Jahreswechsel braut:
In dem Kessel köchelt für
dich ein tolles Elexier!
Drin sind Herzen voller Glück
und von Freude auch ein Stück,
außerdem ein halbes Fass
von Zufriedenheit und Spaß.
Augen, die nur Schönes seh'n,
Füße, die nur vorwärts geh'n,
ebenfalls ein großes Eck
von 'nem Angst- und Sorgenschreck.
Und dann rührt sie noch hinein
einen Hut voll Sonnenschein,
für die Liebe fügt im Nu
Rosenblätter sie hinzu,
ebenfalls ein kleines Holz
Ego und ein Fünkchen Stolz.
Würzt mit Kräutern für viel Zeit
ohne Hektik, ohne Streit!
Mit ein wenig Engelswurz,
kommt die Hoffnung nicht zu kurz.
Dann schmeißt sie hinein zum Schluss,
in's Gebräu 'ne Zaubernuss.
Koste! Es wirkt wunderbar,
Kopf hoch und Prosit Neujahr!

# Hundegedanken –
## „Der entführte Weihnachtsbaum"

Sonja Bartl

Oh, nein, er hat es schon wieder getan! Paul, mein Herrchen, hat - wie auch letztes Jahr im Winter - einen kleinen Tannenbaum entführt. Er ***muss*** ihn entführt haben, denn er hat sehr darauf geachtet, dass ihn niemand dabei beobachtet. Außer mir. Ich darf immer und überall dabei sein, denn ich bin sein bester Kumpel.
Diesmal ist es ein Tannenbaumkind, denn es riecht noch recht jung. Ich kenne mich in Sachen Bäumen aus, ich habe ja jeden Tag damit zu tun. Die arme Tannenbaummutter, seufz...an die hat er wohl gar nicht gedacht...Lösegeld kann er jedenfalls nicht von ihr verlangen, sie hat ja nichts...außer kiloweise Tannenzapfen.
Diese geheime Aktion läuft auch heuer wieder unter dem Decknamen „Weihnachten".
Was er damit bezweckt, kann ich mir nicht so recht erklären. Typisch Zweibeiner........die machen ja viele eigenartige Dinge, wenn der Tag lang ist.
Paul ist schwer beschäftigt. Er hat das Bäumchen ins Wohnzimmer gestellt. Damit es nicht in einem unbeobachteten Moment abhaut, hat er vorsichtshalber alle Türen und Fenster fest verschlossen. Zusätzlich schraubt er das untere Ende in einen Eisenständer und das Bäumchen hat ab nun stramm und gerade zu stehen – wie beim Militär...hmmm...ich frage mich, ob das wirklich nötig ist, es ist ja noch so klein.
Außerdem umwickelt er alle Äste von oben bis unten mit verschiedenen Ketten. Die Tanne bekommt bestimmt nicht mit, dass sie zwangsweise festgehalten wird, denn mein Herrchen hat die Ketten mit vielen, kleinen, bunten Lämpchen und Figürchen getarnt.
Trotz allem denke ich, dass sich das entführte Bäumchen bei uns wohl fühlt. Damit es sich nicht langweilt, hat Paul ihm nämlich ein paar glän

zende Bälle zum Spielen an die Nadeln gehängt. Hungern muss es auch nicht, denn das Opfer bekommt jede Menge Süßigkeiten an die Äste. Einen silbernen, glänzenden Schal, der aussieht wie unsere Klobürste, jedoch mindestens einen Kilometer lang, wickelt er sorgfältig mehrere Male
herum, damit es sich nicht erkältet.
Da es im Zimmer nicht besonders warm ist, steckt mein Zweibeiner noch jede Menge Kerzen an noch verbliebene, freie Plätze, zündet sie an und heizt dem Kleinen damit ordentlich ein.
Heimweh kann das Tannenbäumchen eigentlich nicht bekommen, denn ganz oben befestigt Paul einen großen Stern, es soll wohl glauben, es würde sich noch im Wald unterm Sternenhimmel befinden, ganz so, wie zu Hause. Ich muss zugeben - ein Knochen hätte mir an der Spitze besser gefallen...aber mich fragt ja keiner.
Ich soll am „Platz" bleiben und mich ruhig verhalten. Folgsam, wie ich bin, mache ich das auch. Paul ist heute besonders gut drauf, seine Augen glänzen und er strahlt übers ganze Gesicht. Warum, weiß ich nicht, aber ich will ihm keinen Fall seine gute Laune verderben.

Es ist bereits Abend und mein Herrchen legt noch bunte, verschnürte Pakete unter den Baum.
Damit besticht er sicher den Rest der Familie, damit sie ihn nicht verpfeift. Jetzt weiht er seine Frau und die beiden Kinder ein. Sie betreten das Zimmer, dürften sich aber nicht an die Entführung vom letzten Jahr erinnern, denn sie machen einen ziemlich überraschten Eindruck. Mein Herrchen ist der Rudelführer. Alles was er sagt, müssen die anderen tun. Damit sie die Pakete öffnen dürfen, müssen erst Lieder und Gedichte zum Besten gegeben werden. Nicht nur eins – nein – gleich mehrere.
Für mich hat Paul kein Paket hingelegt. Das ist sehr rücksichtsvoll, denn in Anbetracht dutzender Knoten, die er vorhin mit viel Elan in die Bänder geknüpft hat, könnte ich ohnehin keins öffnen. Die Familie muss auch zuerst das Spiel: „Wer hat die Schere?" spielen, um ihre Pakete öffnen zu dürfen...das ist mir zu mühsam...und außerdem...schon mal ´nen Hund

mit Schere gesehen? Lächel...
Tja, da steht es nun, das arme Bäumchen. In den vergangenen Tagen musste ich mit Entsetzen feststellen, dass die gesamte Familie klaut, was das Zeug hält. Jeder nimmt sich Dinge von den Ästen, wenn die anderen gerade nicht hingucken.. „Wahrscheinlich war´s der Hund“, heißt es dann wie immer, wenn etwas kaputtgegangen ist oder etwas aus dem Kühlschrank fehlt. Na, den Hund möchte ich mal erwischen, der das gewesen ist!
Da es auch heuer wieder kein Lösegeld gibt, lässt Paul das Tannenbäumchen wieder frei...und zwar gleich vor dem Haus in der Nähe der Mülltonnen. Ich hoffe, es findet den Weg in der Dunkelheit alleine zu seiner Mutter zurück.
Die Aktion „Weihnachten“ hätten wir somit gut überstanden und es kehrt endlich wieder Ruhe ein. Aber nicht für lange, Paul plant bereits seinen nächsten Coup.....nämlich zu Ostern.....denn da entführt er bestimmt wieder ein paar Schokoladehasen.......

# Jahresendblicke

Lorenz Eyck

Die letzten Tage des Jahres
sind jetzt in aller Munde.
Durch's Tal und über Höhen
tönt es wie eine Kunde:
Hol' deine Joppe aus dem Schrank,
stülpe die Kappe über'n Kopf!
Denn wer die Winterzeit verpennt,
der ist ein armer Tropf.

Außer Schnee und glattem Eis
liegt auch das Christkind auf der Lauer.
Und weil ich immer liebevoll,
ist es auf mich nicht sauer.
Es schenkt das holde Wesen
mir einen heißen Kuss.
Das heißt, dass bis zum nächsten Fest
ich artig bleiben muss.

Und sitz ich beim Silvesterpunsch
in meiner warmen Hütte,
da tritt beim letzten Glockenschlag
Freund Neujahr ein mit großem Schritte.
Er mahnt mich zur Besonnenheit
und auch zur Abstínenz:
Gib's Rauchen und den Bierbauch auf,
dann grüßt noch mancher Lenz.

Des Jahres letzte Stunde
ertönt mit schwerem Schlag.
Ich schaue in die Runde,
wer mit mir lieb sein mag.

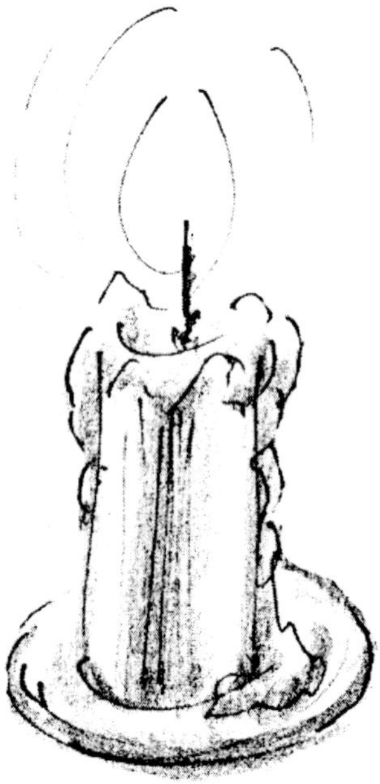

# Kranz der Hoffnung

Willi Corsten

Am Kranz die erste Kerze brennt,
Licht der Hoffnung man sie nennt,
Hoffnung, dass die dunkle Zeit,
bald schon ist Vergangenheit.

Die zweite Flamme lenkt den Sinn,
nun stärker auf den Neubeginn,
heller glüht der Sehnsucht Schimmer,
im immer noch zu dunklem Zimmer.

Die dritte Kerze wird entzündet,
den Kampf der Engel sie verkündet,
das Ringen mit der Unterwelt,
wo Luzifer die Weichen stellt.

Vierfach hell ist's bald im Raum,
nahe bei dem Weihnachtsbaum,
der Engel Chor klingt schon von fern,
verspricht uns die Geburt des Herrn.

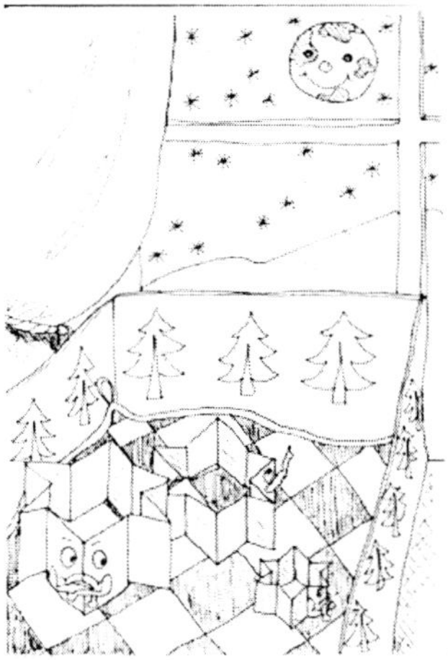

# Krieg der Sterne

Sonja Bartl

In Tante Käthes Schachtel lagen,
an dreihundert und vierzig Tagen
im Jahre Sterne in 3 Größen,
vom Kleinen hin bis zum Pompösen.

Doch wenn die Weihnachtszeit gekommen,
hat Tantchen sie herausgenommen
und damit etwa ein, zwei Wochen,
Sternenkekse ausgestochen.

„Nimm mich!", so schrie dann laut der Große,
und warf sich gleich in Siegerpose,
„mit MIR bäckst schnell du und in Massen
Kekse, groß wie Untertassen".

„Das Beste ist nach alter Sitte,
immer noch die gold'ne Mitte!",
so rief der Mittlere im Streite
und drängte ihn sofort beiseite.

Da piepste laut im Hintergrunde,
der Mini-Stern in ihrer Runde:
„Ich, als der Kleinste wünsche mir,
das gleiche Recht wie alle hier!"

„Nix da mit gleichem Recht, was ist?
Glaubst du, dass du der Beste bist?",
entgegneten die andern Beiden.
Solch' Sprüche konnten sie nicht leiden.

„Verdammt, sie hört schon wieder nicht",
so murmelte der kleinste Wicht,
„ich glaube, unsre Tante Käthe,
braucht bald neue Hörgeräte!"

Schon lagen sie sich, wie seit Jahren,
in ihren Aluminiumhaaren.
So kam es, dass die Stressgeplagten,
sich wieder einmal fest verhakten.

Des Käthchens letzter Nerv vibrierte,
als sie erneut die Stern' entwirrte
und schmollte laut, dass sie im Grolle,
sie auf den Mond bald schießen wolle.

Verdutzt sah'n durch die Fensterscheiben,
die Drei *seeeehr* viele Sternlein treiben
und dachten: „Sie hat wohl Genossen
von uns schon dran vorbeigeschossen!"

Seit dieser Zeit war endlich Ruh,
sie drehten sich den Rücken zu,
verzichteten jedoch recht gerne,
auf 'nen weit'ren „Krieg der Sterne".

# Las Vegas in Germany

Regina Frischholz

Ich erinnere mich noch gut an die Weihnachtszeit in meiner Kindheit. Nicht nur, dass die Geschenke bescheidener ausfielen, es wurde auch meist nur der Adventkranz oder ein Kerzlein am Abend angezündet. Wohl bemerkt e i n Kerzlein und nicht, wie mittlerweile, eine komplette Kaufhaus-Illumination an jedem Haus.

Wie war das vor 2000 Jahren? Hatte Jesus überhaupt ein Stalllicht? Das bleibt zu bezweifeln. Er war schließlich das Kind armer Leute.

Inzwischen heißt die Devise: schriller, bunter, kitschiger und auffallen um jeden Preis. Wir haben zwar in Deutschland ca. 5 Millionen Arbeitslose, aber Stromkosten spielen keine Rolle. Wie soll man da den Kindern Werte wie Sparsamkeit vermitteln, wenn in der „staaden" Zeit Geld keine Rolle spielt? Und der gute Geschmack? Ach wie schön: Wir erblicken leuchtende und zuckende Sterne in den Fenstern, im Sekundentakt blinkend. Leuchtende Rehe und Rentiere mit grellem Schlitten grasen in den Vorgärten, nur noch auf den Schnee wartend. Leuchtschläuche in allen Farben ziehen sich an Zäunen entlang, laufen über Haus- und Garagendächer, selbst Bello's Hütte bleibt nicht verschont. Schließlich ist Weihnachtszeit und das soll der Hund auch wissen. Ob's ihm gefällt? Wenn er reden könnte, würde er vielleicht sagen: „Mein Frauchen hat nicht mehr alle Tassen im Schrank." Und Recht hätte er. Kitsch hat im 21. Jahrhundert anscheinend Hochkonjunktur. Es geht zu wie auf dem Jahrmarkt. Das Christkind und der Nikolaus wurden vom Weihnachtsmann abgelöst, denn wir sind ja kosmopolit. Letzterer ist zum Einbrecher mutiert und klettert als Weihnachtskasperl ungeniert Balkone hoch. Wie herrlich - Deutschland im Las Vegas-Verschnitt!

Asterix würde sagen: „Die spinnen, die Deutschen!"

Ein einziger Stromausfall genügt, dann herrscht wieder die Atmosphäre, wie im Stall von Bethlehem. Man friert und lobt die gute, alte Öllampe. Und es wird wieder, wie damals in den Herzen, warm. Dann ist endlich wieder Weihnachten.

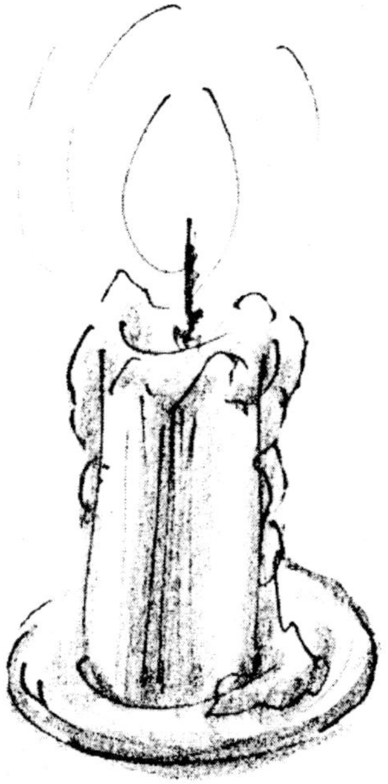

# Lebkuchenliebe

Sonja Bartl

Einst hatte es einem Lebkuchenmann,
eine Lebkuchenfrau recht angetan,
die Liebe entflammte, wie's oftmals so ist,
so heiß ... (wie es eben im Backofen ist).

Die Frau seiner Träum' war zum Anbeißen süß,
er spürte den Zuckerguss schon im Gebiss,
so süß, dass er wurde richtig scharf
und sogar ein Rosinenaug' auf sie warf.

Ihre Äuglein aus Mandeln betörten ihn so,
dass sein Lebkuchenherzchen hüpfte gar froh
und er wollte schon knabbern an ihrem Ohr
- doch der Lebkuchenbäcker kam ihm zuvor.

Denn das Honigparfüm zog wie magisch ihn an,
eilte hin zu dem Lebkuchenmädel und dann,
verschlang er das Fräulein mit Haut und Haar,
bis kein Krümelchen mehr von ihr übrig war.

Danach dachte er - er wäre nicht dicht,
als er sah in ein trauriges Männergesicht,
welches lag auf dem Tellerchen ganz allein
und an Weihnachten sollte so etwas nicht sein.

Von Reue und Magenschmerzen geplagt,
hörte leis' man, wie zu diesem Männlein er sagt:
„Was geschehen ist, tut mir schrecklich leid
und ich backe dir gleich eine neue Maid!"

Bald darauf war das Pärchen wieder komplett,
der Bäcker, der war ganz besonders nett,
denn er nahm rote Zuckergussfarbe und
malte den Beiden 'nen schmunzelnden Mund.

Im Stübchen, an Bäckers Tapetenwand -
vor'm Staube geschützt, im Plastikgewand -
so hängen die zwei (harten) Lebkuchenleut',
lächelnd, am Ehrenplatz, noch bis heut!

# Neujahrspläne

Lorenz Eyck

Steht das Neujahr auf der Schwelle,
rückt mir die Reue auf die Pelle.
Dann krame ich in meinen Sünden,
etwas zur Besserung zu finden
Denn stets tut einer Wohlfahrt gut
der Vorsatz und ein froher Mut.

Zigarettenrauch ist mir zu dumm –
ich steige auf Havanna um.
Das Pils prägt meine Hüfte runder –
ich halte mich mit Porter munter.
Mit Speck lass ich mich nicht mehr fangen –
nun färbt das Eisbein meine Wangen.
Um Geist und Korpus wohl zu stählen,
werde ich die Sportkanäle wählen.
Damit mein Sparschwein wieder prall,
gibt's Feiern nur von Fall zu Fall.

So bleibt bedenklich mein Gehabe,
weil nach wie vor ich Fehler habe.

# Neujahrswünsche

Sonja Bartl

Das alte Jahr ist also pfutsch,
drum wünsch' ich dir 'nen guten Rutsch,
doch nicht auf glattem Untergrund,
denn das wär schließlich ungesund!

Dem alten Jahr gib einen Tritt,
ins Neue nimm nur Gutes mit,
was kommen mag, trag mit Humor,
so stell' ich mir das für dich vor!

# Nikolaus war da!

Gerhard Steil

Hallo ihr Kinder, ich hab' nicht geträumt.
Gestern hat Nik'laus mein Zeug aufgeräumt.
Das Spielzeug, es strahlte als wär' es poliert,
und selbst meine Socken, die waren sortiert.

Die Schuhe, sie standen zu zweit und adrett
mit glänzendem Leder geputzt unter'm Bett.
Dabei war noch gestern, ich geb' es ja zu,
schwarzbrauner Sand in dem schmutzigen Schuh.

Mein Mäppchen, wer hätte das jemals gedacht,
das hat er mir auch noch auf Hochglanz gebracht.
So ging es dann weiter im selbigen Takt,
ich fand meinen Ranzen schon fertig gepackt.

Seit Wochen hat Mama vergeblich gepredigt.
Und jetzt hat der Nik'laus die Sache erledigt.
Kinder, ich habe, es sei mir erlaubt,
seit Jahren nicht recht an den Nik'laus geglaubt.

Doch nun kann ich sicher und mehrfach belegen:
Den Nikolaus gibt es - mit all seinem Segen.
Jedoch – es ist schwierig den Nik'laus zu finden.
Der kann aus der Wohnung fast spurlos verschwinden.

Denn als ich ihn suchte, da war er schon weg,
mit all meinem Müll und dem anderen Dreck.
Für nächst' Jahr - da lad' ich ihn jetzt schon mal ein -
am Nikolausabend mein Gast zu sein.

# O du fröhliche ...

Lorenz Eyck

Ich habe als Festtags-Wegbereiter
nun alle Hände voll zu tun.
Denn nur beim Christfest-Außenseiter
kann jetzt das Tage-Beiwerk ruh'n.

Mein Plan ist voller Ultimaten,
die ich zurzeit mir auferlegt.
Mal unverhofft, auch mal in Raten
wird jeder Sollteil weggefegt.

Der Tannenbaum, der ewig grüne,
zur Nachtzeit im Revier geschlagen,
ist für die große Szenenbühne
schon blattkahl bis zum Kragen.

Die bratgewohnte Weihnachtsgans,
durch Nachbars Zaun ganz still erworben,
flog vom Haken beim Sturmtief FRANZ
und ist für den Festschmaus verdorben.

Der unerlässliche Butterstollen
(dem Losbuden-Knüller sei Dank)
bleibt, weil der Schlüssel verschollen,
bis zum Nimmerleinstag im Schrank.

So stehe nach all der Pleite
ich blank vor dem Liebesfeste.
Ich drehe pikiert mich zur Seite
und hoffe auf Geschenke-Gäste.

# O Tannenbaum...

Lorenz Eyck

O Tannenbaum, o Tannenbaum,
so treu wie deine Blätter
grüße ich zur Weihnachtszeit
die Freunde alle weit und breit
ob Schneefall oder Schmuddelwetter.

O Tannenbaum, o Tannenbaum,
wer kann mir das verwehren?
Viel Hoffnung und Beständigkeit,
gut' Schwung und Kraft zu jeder Zeit
soll's Neujahr uns bescheren.

# Opas Weihnachtsgeschenk

Margret Küllmar

Opa sagt: „Nun ist's soweit,
schon wieder kommt die Weihnachtszeit!
Was muss ich alles nun bedenken
und was soll ich der Oma schenken?
Am besten ist's, ich frag den Henner,
das ist ein großer Frauenkenner."

Henner sagt: „Sei nicht so dumm,
du stellst die Frage falsch herum,
auf was willst du denn nicht verzichten,
danach tun sich Omas Wünsche richten."

Opa sagt: „Da weiß ich was,
'ne Kiste Zigarren macht mir Spaß."

Oma sagt: „Die kann ich brauchen,
werd jeden Abend eine rauchen,
mein Geschenk für dich ist auch sehr schön,
du bekommst von mir 'nen Föhn,
für deinen längst vergangenen blonden Schopf,
ist er so unnütz wie ein Kropf.
Bedenke nun, mein lieber Mann,
wer mich veräppeln will, kommt selber dran."

# Puh – geschafft

Ute Kleinschmidt

Wochenlang habe ich geplant, beraten, gekauft, verpackt, vorbereitet und schwupps - ist alles wieder vorbei. Na klar, ich müsste es doch wissen, denn es ist ja jedes Jahr das Gleiche, genau wie der gesamte Ablauf: Heiligabend feiern wir bei uns zu Hause gemeinsam mit den Kindern, Eltern und Schwiegereltern. Am ersten Weihnachtstag fahren wir zu den Schwiegereltern, am zweiten zu den Eltern und nach dem ganzen Fest haben die Kinder endlich Zeit, sich ihre Geschenke genauer anzusehen, sie auszuprobieren und damit zu spielen. Jedes Jahr zu Heiligabend mühe ich mich ab, um all meinen lieben Gästen ein Viel-Gänge-Menü aufzutischen und die beiden anderen Tage muss ich mich mühen, fast genauso viele Gänge bei Mutter und Schwiegermutter zu verdrücken. Nächtelang verpacke ich die Geschenke und dekoriere sie liebevoll mit Schleifchen, nur um nach dem Fest mühselig über den Wohnzimmerfußboden zu krabbeln, um all das zerknüllte Papier, Reste von Tesafilm und Schleifenbänder wieder aufzuklauben. Nicht zu vergessen, die konsequente Diät in den letzten Wochen vor dem Fest, denn schließlich muss sich der Reißverschluss am festlichen Outfit trotz Karpfen, Weihnachtsgans, Plätzchen und süßem Teller auch noch am letzten Tag schließen lassen. Alle Jahre wieder - spätestens am Ende des zweiten Weihnachtstages - schwöre ich mir, solch einen Aufwand nicht mehr zu veranstalten. Und... trotzdem freue ich mich alle Jahre wieder im November darauf, mit den Vorbereitungen beginnen zu können.

# Plötzlicher Weihnachtsbesuch

Maria Sassin

23. Dezember – fast schon Weihnachten...
Schnee lag nicht, typisch Rommerskirchen! Es war mal wieder ein rechtes Waschküchenwetter.

Als ich mich durch die feuchte Kälte zur Krippenspielprobe in der Samariterkirche aufmachte, hörte ich zu meinen Füßen auf einmal ein leises, heiseres Stimmchen: „He, du da!“
Ich schaute mich um – wer mochte mich da im Halbdunkel in den verlassenen Straßen angesprochen haben?

Ah – schon entdeckt: Ein dickes, fettes, hässliches Grippevirus kauerte frierend auf dem glitschigen Bürgersteig vor Glöckners Haus.
„He, du da!“, rief es noch einmal.
„Was willst du?“, fragte ich unwirsch.
„Ach“, klagte es, „mir ist so kalt und ich bin ganz allein. Keiner auf der ganzen Welt will mich. Kann ich nicht zu dir kommen?“
„Um Gottes Willen!“, entfuhr es mir erschreckt. „Morgen ist Heiliger Abend!“
Das Virus sah mich scharf an: „Ja, genau.“ Es wiederholte meine Worte: „Um Gottes Willen!“
„Oh verflixt!“, fuhr es mir durch den Kopf, „auch das noch. Hat da nicht jemand mal gesagt, was ihr dem Geringsten meiner Brüder... morgen ist Sein Geburtstag.“ Und etwas Geringeres als dieses abscheuliche Virus ließ sich wohl wirklich kaum denken!

„Um Gottes Willen! Überredet“, resignierte ich und machte ein ganz klein wenig die Jacke auf, damit das Virus hineinschlüpfen konnte.
„Ah, schön gemütlich hier!“, schnurrte es zufrieden, spielte vergnügt eine Runde Fußball mit meinem Antibiotikum, rollte sich dann ein und schlief bis zum Heiligen Abend.

„Sti-hi-lle Nacht!“, röhrte nach dem Krippenspiel die weihnachtsselige Gemeinde aus voller Kehle und weckte damit prompt den Langschläfer, der den Rest des Gottesdienstes damit verbrachte, heftig in mir herum zu toben. Fast so heftig wie der kleine Krippenspieler, der auf meinem Schoß offenbar für den nächsten Pausenringkampf übte...

„He, du“, sagte das Virus da plötzlich zu mir, „mir ist immer noch kalt. Lass mich mal gerade ein wenig einheizen und dann will ich mit dir ins Bett!“
Wow, so ein Angebot am Heiligen Abend hatte ich schon lange nicht mehr gekriegt und erwiderte nur noch rein mechanisch auf die Schnelle alle lieben Umarmungen meiner Freunde...

Minuten später schon lag ich mit meinem Gast in der Koje und das Virus probierte mit wechselndem Erfolg, meine komplizierte Heizungsanlage in Griff zu bekommen.
„He, willst du mich kochen?“, fragte ich erschrocken.
„Nee, habe nur den Kamin angemacht, damit es ein recht gemütlicher Weihnachtsabend wird“, jubelte der Kleine. „Brennt super! Echt Klasse bei dir!“
Vor Freude fuhr es in Lichtgeschwindigkeit mit meinem Kreislauf Achterbahn.
Mist, so hatte ich mir eine heiße Nacht nicht vorgestellt!
Momente darauf war ich schon so schlapp, dass ich mein Glas nicht mehr alleine festhalten konnte, und bei jedem Naseputzen drückte das Virus fröhlich auf den Ausknopf meiner kombinierten Atmungs- und Kreislaufanlage.

Verrückt, aber wahr: Dennoch war Weihnachten und ich war froh! Wie viel Schönes hatte ich in den letzen Wochen erlebt, wie viele liebe Briefe bekommen, Einladungen, Geschenke, Umarmungen, gute Worte. War es nicht schon all die Tage Weihnachten gewesen? Was sollte mir da die verpasste Bescherung!
„He, Virus, Schluss jetzt mit der Achterbahn!“, flüsterte ich matt, aber

zufrieden, „lass uns auf Weihnachten anstoßen!"
Mit Hilfe zweier meiner Kinder genoss ich Cola „quasi-intravenös" – ein lustiges Spiel: „Du hältst Mama hoch, ich schütte." – schnell waren die Regeln ausgehandelt.
Meinen Kindern gönne ich ja jedes Weihnachtsvergnügen und so kicherte ich entzückt, als ein erfrischend kühles Colabad meine glühende Bauchhaut entlangfloß. „Prost, Virus, auf uns, auf alle, die wir lieben und auf die Weihnachtsfreude!", dachte ich japsend.

Eine halbe Stunde später dämmerte mein Weihnachtsgast selig im Colarausch dahin.

Noch immer reichlich beheizt, konnte ich an Schlaf nicht denken, besah dankbar aus der Horizontalen Briefe und Geschenkpäckchen, knabberte langsam einen halben Bissen Lachs, lauschte ohne Bedauern den Weihnachtsklängen der Feier unten und philosophierte, welch dehnbarer Begriff „Frohe Virusweihnacht" doch ist.

# Priorität

Regina Frischholz

Meiers sind es sich schulidg, auch ab und an in Sachen Kultur zu investieren. So besuchen sie am Wochenende eine Kunstausstellung. Ein Gemälde von Albrecht Dürer erweckt ihr Interesse. Sinnend stehen sie davor und betrachten das Werk. Schließlich bemerkt die weibliche Ehehälfte spitz: „Typisch. Kein Geld für ein anständiges Haus - aber sich von Dürer malen lassen!"

# Raumschiff Enterprise und Santa Claus

Sabine Kampermann

Prinzessin Sofia kommt aus der Reimstunde bei Hofdichter Eberhard, säubert pflichtbewusst das Häuschen ihrer Streifenmaus Leonore und wartet ungeduldig auf den Nikolaus.

Es haben sich viele Wünsche angesammelt. Vor allem will sie Santa Claus um einen Mann bitten. Nicht für sich selbst, dafür ist sie zu jung. Außerdem, den will sie selbst wählen und nicht einfach so geschenkt bekommen. Nein, sie wünscht einen Gefährten für Leonore. Die kleine Maus wirkt so einsam und ein wenig traurig. Sofia vermutet, sie allein reicht Leonore als Spielgefährtin nicht aus, leider. Aber sie selbst hat auch mehrere Freunde, ziemlich viele sogar. Nur einer, gibt sie zu, ist ein bisschen wenig. Ob der Nikolaus Freunde verschenkt? Wie er wohl aussieht? fragt sie sich. Vielleicht hat ihn ihre Mutter, Königin Carina, ja gesehen. Sie ist älter und wird nicht so früh müde, womöglich hat sie ihn irgendwann überrascht, als er Geschenke versteckte.

„Sag, Mama, wie bringt Santa Claus die Geschenke mir ins Haus? Jährlich lieg' ich auf der Lauer, werde davon auch nicht schlauer."

Königin Carina legt ihre Stricknadeln beiseite. Sie strickt gerade an einer roten Bommelmütze. Ob die wohl für den Nikolaus ist? Königin Carina bemerkt Sofias fragenden Blick, streicht sacht über die Mütze und entgegnet:

„Ach, mein Kind, ich muss doch bitten,
sicher nicht mehr mit dem Schlitten.
Dazu reicht ihm nicht die Zeit,
fährt er mit Lichtgeschwindigkeit.

Der Schlitten wird so derartig hoch belastet,
dass die Verkehrspolizei vor Zorn ausrastet.
Würde Santa Claus vom Radar erfasst,
muss er womöglich sogar in den Knast."

Sofia starrt immer noch auf die rote Mütze. Lichtgeschwindigkeit ist sehr, sehr schnell, weiß sie.
Königin Carina fährt fort:

„Santa Claus ist Türke, war einst Kaufmann, aus Lykien und reich.
Er wünschte sich, die Rechte aller Menschen wären gleich.
Später, als ihm verliehen worden war
die Bischofswürde in der Stadt Myra,
zeigte er vielen Menschen Erbarmen,
teilte das Kirchengut mit den Armen."

Der Nikolaus ist wirklich ein großzügiger Mann, denkt Sofia und fragt:

„Wenn Santa Claus doch Türke ist,
ist er dann Muslim oder Christ?"

„Santa Claus ist es gleich,
ob nun arm oder reich,
und unter welchem Namen man den Schöpfer ehrt.
Die Geschenke werden wirklich keinem verwehrt.
Der Schöpfer ist nicht allein vollkommen und genial,
sondern auch toleranter als sein Bodenpersonal.
Mit der Türkei verbindet uns nicht nur der Nikolaus.
Freiheit heißt lernen vom andern und schließt niemanden aus."

Da hat ihre Mutter wohl recht. Aber wenn der Nikolaus alle Kinder beschenkt, wie schafft er das? denkt Sofia. So viele Kinder mit noch mehr Wünschen! Sie selber wünscht sich allein mindestens zehn Barbiepuppen, jede mit zahlreichen Kleidern. Dabei fand sie Barbies vor zwei Monaten noch doof. Sie seufzt und sagt:

„Aber dennoch, solange ich denke,
bringt mir der Nikolaus Geschenke."

Königin Carina lächelt sie an, greift ihre Stricknadeln und die Mütze, holt ein paar entschwundene Maschen zurück und erklärt mit großer Selbstverständlichkeit:

„Er ist Fan von Raumschiff Enterprise,
darüber denkt seine Frau: So ein Sch...
Nun beamt er die Geschenke ganz leise
auf ihre stille, seltsame Reise."

Sofia legt sich am Nikolausabend früh ins Bett. Sie schläft sofort ein. Morgens schaut sie wie gewohnt in Leonores Häuschen hinein und entdeckt darin Leonardo, der sich eng an Leonore ankuschelt.

# Sankt Nikolaus in Nöten

Gisela Schäfer

Kurz nach dem Weihnachtsfest klopfte es eines Morgens beim Nikolaus an die Tür. „Herein!“, rief er und schaute erstaunt drein, als er einen kleinen Botenengel vor sich sah. „Gott zum Gruß!“, sagte dieser. „Gott zum Gruß!“, erwiderte der Alte. „Was gibt es?“ „Der HERR schickt mich“, erklärte das Engelkind. „Du möchtest bitte zu ihm kommen. Er hat etwas Wichtiges mit dir zu besprechen.“ „Dann melde Gottvater, dass ich in wenigen Minuten bei ihm bin. Ich mache mich nur eben ein bisschen frisch.“ „Ist in Ordnung“, entgegnete der kleine Engel und verschwand.

Sankt Nikolaus wusch sich die Hände, kämmte sich rasch über die Haare, strich seinen langen, weißen Bart glatt, holte eine neue Mütze aus dem Schrank und begab sich dann rasch zur Chefetage, wo er bereits erwartet wurde. Vor der Tür zu Gottvater empfing ihn ein Seraphim. „Dreh dich mal langsam um, damit ich sehe, ob du auch korrekt gekleidet bist. Sieh da, du hast ein paar Flusen am Mantel. So, nun ist es in Ordnung.“ Er klopfte an die riesige, goldverzierte Eichentür, die zum göttlichen Büro führte, öffnete sie, als er das „Herein“ hörte und sagte: „HERR, Sankt Nikolaus ist da.“ „Er soll eintreten“, ordnete Gottvater an.

Als der Alte mit einer tiefen Verbeugung „Gott zum Gruß, HERR“ sagte, bekam er zur Antwort: „Sei auch du gegrüßt. Komm näher und nimm Platz! Ich habe dir Wichtiges zu sagen. Du kannst dir sicher schon denken, worum es geht.“ Nikolaus, sich auf dem breiten Sessel vor dem göttlichen Schreibtisch niederlassend, schüttelte den Kopf. „Ich habe keine Ahnung.“ „Sooo?“, sagte Gottvater. „Dann will ich es dir erklären. Es sind in diesem Jahr von allen Seiten Beschwerden über dich gekommen, und zwar aus allen Ländern der Erde, die Weihnachten feiern. Du solltest am Heiligen Abend und in der Nacht zum ersten Feiertag überall die Geschenke abliefern. Aber fast an allen Orten bist du zu spät gekommen, so dass viele, viele Kinder sehr traurig waren. Also, das geht nun wirklich nicht!

Du musst dich schon an die Zeitabsprachen halten. Hast du zwischendurch irgendwo Kaffee getrunken oder dich stundenlang ausgeruht? Oder bist du infolge deines Alters zu langsam geworden?“

„Wo denkst du hin, HERR!“, rief der Nikolaus. „Der wahnsinnige Verkehr auf der Erde trägt die Schuld an meinen Verspätungen. Wenn die Menschen mich auch größtenteils nicht sehen können, so muss ich doch mit meinem Rentierschlitten die Verkehrsregeln beachten. Das hat schrecklich aufgehalten. Ich habe mir wirklich Mühe gegeben und mich furchtbar abgehetzt, aber es ging beim besten Willen nicht schneller.“ Gottvater kratzte sich am Kopf. „Ich werde mich mal mit meinen Erd-Experten besprechen und dir später Bescheid geben. Das Problem muss doch zu lösen sein.“ Damit war der Weihnachtsmann entlassen.

Anfang Februar wurde er wieder gerufen. „Wir sind zu einem Entschluss gekommen“, sagte Gott der HERR. „Der Rentierschlitten ist für irdische Verhältnisse zu langsam. Um zwischen den Orten schneller voranzukommen, brauchst du ein Auto. Das zu beschaffen ist nicht schwer. Aber du musst auf der Erde einen Führerschein machen.“ „HERR!“, rief Sankt Nikolaus entsetzt. „Bedenke mein Alter! Das ist doch wohl eine absolute Überforderung!“ „I wo“, erwiderte Gottvater. „Es ist ja noch Zeit. Du nimmst eben ein paar Fahrstunden mehr. Das klappt schon. Ich sehe voraus, dass du das letztendlich wunderbar schaffst. Im April geht es los. Dann bist du bis zum nächsten Weihnachtsfest fit.“ Sankt Nikolaus seufzte. Wenn Gott ihm das zutraute, musste er ja wohl ran. Als er sich gerade verabschieden wollte, sagte sein Chef noch: „Halt! Da fällt mir noch etwas ein. Du darfst, wenn du die Fahrstunden nimmst, nicht erkannt werden, musst also inkognito auftreten, d. h. in üblicher Straßenkleidung ohne deine rote Mütze, und der Bart muss ab!“ „HERR!“, rief der Heilige fassungslos. „Das ist doch wohl nicht dein Ernst. Ohne Bart und Mütze fühle ich mich ja geradezu nackt.“ Aber Gottvater blieb fest. „Es geht nicht anders. Wenn du als Weihnachtsmann im Auto erkannt wirst, ist das ein zu großes Unfallrisiko. Das können wir nicht verantworten.“ Schweren Herzens verließ Sankt Nikolaus die Chefetage.

Im Juni ließ Gottvater seinen treuen Diener wieder rufen. „Erzähle mal von deinen Fahrstunden. Bist du schon gut vorangekommen?" „Ach, HERR", stöhnte Sankt Nikolaus. „Du ahnst gar nicht, wie schwer das Autofahren ist. Ich bezweifle, dass ich das jemals lerne. Den Wagen zu bedienen ist das eine, der Verkehr das andere. Du kannst dir nicht vorstellen, wie viele Fahrzeuge da unten herumbrausen." Der Chef lächelte. „Doch, das kenne ich, ich schaue oft genug hinunter. Der Verkehr in den europäischen Großstädten und vielerorts in Deutschland ist enorm. Aber rege dich nicht unnötig auf! Du wirst schon lernen, damit fertig zu werden." Nikolaus atmete schwer. „Wollen wir es mal hoffen", sagte er sorgenvoll. Dann fügte er hinzu: „Findest du nicht, dass ich so glatt rasiert unmöglich aussehe? Menschen mit hellsehenden Augen werden mich Weihnachten gar nicht wieder kennen." Gott lächelte. „Du wirst im September deinen Führerschein machen. Dann kann drei Monate lang dein Bart wieder wachsen..." Damit war Sankt Nikolaus entlassen.

Ende September trafen Gott und der heilige Mann wieder zusammen. „Herzlichen Glückwunsch zum bestandenen Führerschein!", sagte der HERR. Nikolaus errötete. „Ich bin zweimal durchgefallen", bekannte er. „Ich weiß", nickte Gottvater. „Du warst zu nervös. Aber jetzt hast du das Scheinchen ja." „Schon", entgegnete Sankt Nikolaus. „Aber soll ich dir was sagen? Die Menschen sind ungehorsam und rücksichtslos." „Ich kenne sie", warf Gott ein, und der Heilige fuhr fort: „Was meinst du, wie oft sie mir am Kreisverkehr die Vorfahrt genommen haben! An Geschwindigkeitsbeschränkungen halten sie sich gar nicht, und sie überholen und parken immer wieder an Stellen, wo es verboten ist. Gehorsam haben sie nicht gelernt." „Lass sie nur!", meinte Gott der HERR. „Das regle ich mit ihnen, wenn sie einmal hier oben ankommen. Dann kriegen sie ein paar Töne gesagt. Sorge **du**, dass du alle Regeln beachtest!" Damit war der Nikolaus wieder entlassen.

Das nächste Treffen fand unmittelbar vor Weihnachten statt. „Mach es gut!", sagte Gottvater. „Du wirst am Heiligen Abend hinuntergebeamt, und genau da, wo du unten landest, wirst du einen Kleinbus stehen sehen, der bereits mit Geschenken voll geladen ist. Du kannst dann sofort mit dem Verteilen beginnen."

Dass dann doch alles anders kam, hatte selbst Gott der HERR nicht gewusst, weil er vergessen hatte, in den Zukunftsspiegel zu sehen. Erst zwei Tage nach Weihnachten abends traf ein völlig erschöpfter Nikolaus wieder im Himmel ein. Gleich wurde er zum Chef zitiert. „Was war denn nun schon wieder los?“, fragte Gottvater verärgert. „Wir haben doch alles getan, damit es besser laufen sollte als im Vorjahr, haben keine Kosten und Mühen gescheut, dich den Führerschein machen lassen, ein nagelneues Fahrzeug besorgt, und was geschieht? Du bist noch später dran!“ „Ach, HERR“, jammerte Sankt Nikolaus, „du hast mich die Fahrstunden im Sommer nehmen lassen; damit bin ich letztendlich gut fertig geworden. Aber als ich am Heiligen Abend unten ankam, lag überall Schnee. In den Nebenstraßen war die Fahrbahn nicht geräumt, und ich blieb immer wieder mit dem Bus stecken. Du hättest mir ja wirklich sagen können, dass ich Schneeketten brauchte. 315mal musste ich angeschoben werden, und 24mal bin ich im Graben gelandet und musste rausgezogen werden. Immer wieder bin ich in der Glätte gerutscht und habe um mein Leben gefürchtet, entsetzlich! Auf einen anderen aufgefahren bin ich allerdings nur dreimal. Dafür kriegst du demnächst noch die Rechnung. Und der Wagen hat ein paar hässliche Beulen abbekommen. Also, Chef, ich habe die Nase rundum voll. Ehrlich gesagt, ich will nicht mehr! Wenn ich nicht nächstes Jahr wieder meinen Rentierschlitten zur Verfügung habe, aber mit weniger Arbeit, steige ich aus und lasse mich pensionieren.“

Lange dachte Gott der HERR nach. Dann sagte er: „Ich glaube, ich habe eine Lösung. Für dich allein ist die Arbeit zu viel. Du sollst Unterstützung bekommen. Einige von den alten Heiligen sollen in anderen Ländern deinen Part übernehmen. So kann einer als „Father Christmas“ nach England gehen, einer als „Père Noel“ nach Frankreich, einer als „Sinter Klaas“ nach Holland usw., und hier in Deutschland können zwei kleinere Engel das Christkind spielen und die Geschenke herumbringen. Und natürlich bekommst du deinen Rentierschlitten wieder. Was hältst du davon?“ „O HERR“, strahlte Sankt Nikolaus, „das ist **die** Idee. Wenn ichnur noch in einem begrenzten Bezirk meine Arbeit tun muss, schaffe ich das bestimmt und mit meinen lieben Rentieren macht es mir wieder richtig Spaß. Danke, danke, lieber Gott."

Seitdem funktioniert die Verteilung der Weihnachtsgaben in der ganzen Welt problemlos.

# Schlittenpferdchen Lara

Willi Corsten

Der kleine Engel Balthasar arbeitete am Schlittengespann und beeilte sich dabei sehr, denn die Kinder auf der Erde warteten sicher schon ungeduldig auf die Bescherung. Balthasar kämmte die Mähne der Schimmelstute Nokk und knüpfte die Zügel an der Trense fest. Nokk scharrte mit den Hufen, knabberte schalkhaft an Balthasars Flügeln herum und prustete ihm scherzhaft ins Ohr.

„Sapperlot", schimpfte der kleine Engel erbost. Doch dann schlug er erschrocken die Hand vor den Mund, weil darüber das Christkind in den Stall gekommen war und das Schimpfwort wohl gehört hatte. Aber das Christkind lächelte nur, spannte das Pferd vor den Schlitten und machte sich für die Fahrt zur Erde bereit.

Derweil schaute das Fohlen Lara sehnsüchtig dem geschäftigen Treiben zu. Heimlich hatte es doch gehofft, schon in diesem Jahr den Schlitten ziehen zu dürfen. Seine Neugier war groß. Es wollte endlich erfahren, wie es bei den Menschenkindern dort unten war. Aber Grischa, der alte Pferdepfleger, winkte ab. Er hatte sich als junger Engel bei einem waghalsigen Flugmanöver die Flügel gebrochen, und sagte nun aus bitterer Erfahrung: „Die Fahrt zur Erde ist kein Kinderspiel. Ich musste damals schon nach kurzer Zeit umkehren. Auch du bist noch viel zu schwach, um den Winterstürmen zu trotzen. Vielleicht darfst du im nächsten Jahr das

Christkind begleiten, wenn du etwas älter bist."
Lara nickte traurig und bettete den Kopf in das Stroh, weil sie fürchtete, gleich weinen zu müssen, wenn Mami auf die große Reise ging. Darüber muss das Pferdchen wohl eingeschlafen sein, denn es glaubte noch zu träumen, als Grischa sagte: „Auf der Erde tobt ein schlimmer Krieg. Viele Mädchen und Jungen haben ihre Eltern verloren und wohnen nun in einem SOS-Kinderdorf. Auch sie sollen Weihnachten feiern dürfen, darum braucht das Christkind weitere Geschenke. Wir müssen also Nachschub zur Erde bringen."
Von Grischas Rede war auch Balthasar aufgewacht. Schlaftrunken kraxelte er aus der Futterkrippe, in die er vorhin gekrochen war. Grischa zupfte ihm eine halbe Fuhre Heu aus den Haaren und sagte: „Hole den kleinen Schlitten herbei und bringe Süßigkeiten und Spiele mit, soviel du tragen kannst."
Dann nahm er das Zaumzeug und streifte es über Laras Kopf.
Das Fohlen strahlte und konnte sein Glück kaum fassen. Hurtig wurde es eingespannt und trabte kurz darauf aus dem Himmelstor. Auf dem Kutschbock saßen Grischa und Balthasar und lauschten ängstlich dem Brausen des Windes. Auch Balthasar machten die weite Reise zum ersten Mal, und Grischa kannte ja nur einen Teil der Strecke.
In sausender Fahrt kurvte das Gespann am Mond vorbei und steuerte auf die Erde zu. Lara wich aufmerksam einer Gewitterfront aus und suchte sich einen anderen Weg nach unten.
Dann ging alles rasend schnell. Polternd landete der Schlitten in einem Wald. Schnee wirbelte auf und ein Reh, das unter den Bäumen geschlafen hatte, floh entsetzt davon. Der Lärm weckte auch den Dachs. Er steckte den Kopf aus dem Bau und schimpfte über die Störung der Winterruhe. Balthasar war vom Schlitten gefallen. Aufgeregt schlug er mit den Flügeln und lief dem Gespann hinterher. Als er wieder auf den Kutschbock steigen wollte, begann es zu schneien. Nun war guter Rat teuer, denn keiner von ihnen wusste den Weg zu der Hütte, wo das Christkind auf sie wartete.
Von einer knorrigen Eiche aus beobachtete die weise Eule das Treiben. Sie flog herunter von dem Baum, setzte sich auf den Kopf des Pferdchens

und flüsterte: „Wohin so eilig? Ich kenne jeden Weg und Steg im Land.“
„Du musst mir helfen“, entgegnete Lara und schaute sich heimlich nach ihren Begleitern um. Doch weil die Beiden nur ratlos in das Schneetreiben blinzelten, bemerkten sie die Eule nicht. Sie wunderten sich aber sehr, dass ihr Pferdchen mit einem Mal zielstrebig davon trabte. Noch erstaunter waren sie jedoch, als das Fohlen wenig später aus dem Wald herausgefunden hatte und bald darauf die Hütte entdeckte. Das Christkind lobte Lara, streichelte seinen Hals und schenkte ihm eine Handvoll Zuckerstücke. Da nickte das Pferdchen stolz und dankte der Eule für die wertvolle Hilfe.
Grischa, Balthasar und Nokk fuhren mit dem großen Schlitten zurück in den Himmel, Lara aber durfte bleiben und das Christkind auf seinem weiteren Weg begleiten.
Leise trabten sie in das Kinderdorf und hielten bei der kleinen Kapelle an. Das Christkind nahm die Geschenke vom Schlitten und eilte in eines der Familienhäuser. Neugierig schaute das Pferdchen durchs Fenster. Als es dann die Kinder jubeln hörte und ihre Augen leuchten sah, wurde ihm ganz seltsam zu Mute. Tief in seinem Herzen hatte es erkannt, dass Freude erst richtig schön ist, wenn man sie mit anderen teilen kann.

# Schuld ist nur der Schweinehund

Sonja Bartl

Wieder geht ein Jahr zu Ende,
wieder ringe ich die Hände,
weil vom guten Vorsatz keiner,
mir gelang, ja nicht mal Einer.

Dass ich nicht mehr so viel essen
wollte, hab ich glatt vergessen.
Alles, was ich sagen kann,
das ist: „Morgen fang' ich an!"

Hoch und heilig tat ich schwören,
mit dem Rauchen aufzuhören,
schaffe es auch irgendwann,
morgen fang' ich damit an!

Manche Arbeit blieb mir liegen,
denn sie machte kein Vergnügen
und verschob sie, keine Frage,
einfach auf die nächsten Tage.

Auch zu Fuß wollt' ich mehr gehen
und das Auto sollte stehen -
bleiben, doch wie unter Drogen,
hat's mich immer hingezogen.

Doch mit Pauken und Trompeten,
will ich endlich heftig treten,
in des Neujahr's erster Stund',
meinen inn'ren Schweinehund!

Liebes Schweinehündchen, hörste?
Morgen ist bereits der erste
Jänner, auch wenn Fetzen fliegen,
morgen werde ich dich kriegen!

# Schwierige Zeiten für Nikolaus

Gerhard Streil

Hallo Kinder, gebt Applaus,
Hier kommt euer Nikolaus.
Mit der Rute tief im Sack
und dem roten Weihnachtsfrack
bring ich, als Respektperson,
jedermann verdienten Lohn.

Ruprecht als mein Sekundant
ist letzte Nacht davon gerannt.
Der gute Mann ist nicht bereit
zur weihnachtlichen Mitarbeit.
Noch immer kann er nicht versteh'n,
was letztes Jahr im Dorf gescheh'n.

Ich weiß noch wie es damals war,
die Sachlage war ziemlich klar.
Geschenke hatten wir zuhauf
auf unserm großen Schlitten drauf.
Jedoch - wir hatten falsch gedacht
und unnütz' Zeug herab gebracht.

Statt hier und da ein Ballerspiel
mit klar bestimmtem Angriffsziel
und Doping für den langen Weg
zur neu erbauten Diskothek,
machten wir in Tradition
und ernteten nur Spott und Hohn.

Ein Bengel schrie: „Du Idiot“
und hat dem Ruprecht noch gedroht.
Als dieser dann, es war naiv,
die Erzengel zu Hilfe rief,
da war die Bande aufgebracht
und hatte kräftig Zoff gemacht.

Augenblicklich war Tumult.
Dem Ruprecht geb’ ich keine Schuld.
Tapfer hat er sich gewehrt
und blieb auch beinah unversehrt.
Indes - er fiel in tiefen Schlaf,
als ihn ein rechter Haken traf.

Doch diesmal weiß ich garantiert,
dass so was nicht noch mal passiert.
Es helfen mir, ich seh’ mich vor,
drei Türsteher vom Himmelstor.
Und geht das schief, ich sag’s grad raus,
fällt Nikolaus halt nächst’ Jahr aus.

# Sieben Kugeln

Arno Endler

Jeder kennt Jonathan! Ich meine nicht genau meinen Jonathan, sondern irgendeinen Menschen, der so wie Jonathan ist. Jonathan wird von seinen Freunden Jon genannt. Er mag das nicht, aber er ist ziemlich still und sagt nie etwas, wenn sie ihn so nennen. Jonathan hat ein Allerweltsgesicht. So ein Gesicht, welches einem im Supermarkt begegnet. Meistens dreimal hintereinander und jedes Mal denkt man... Nichts!
Jonathan hat eine Freundin. Und die ist nun wirklich ungewöhnlich für ihn. Denn sie sieht gut aus, und viele Männer schauen ihr nach. Keiner versteht, was sie an Jonathan findet. Vielleicht liegt es daran, dass Jonathan ihr jeden Wunsch erfüllt, bevor sie ihn hat.
Und hier setzt meine Geschichte ein. Wahrscheinlich haben sie sich schon gefragt: „Wann fängt er endlich an?"
Nun ja! Ich musste ihnen doch erst einmal erklären, wer Jonathan ist. Aber jetzt geht es los:
Jonathan liebt die Weihnachtszeit. Seine Freundin auch. Er liebt den Weihnachtsbaum. Sie auch. Und er weiß, dass sie Christbaumkugeln liebt. Solche, in denen man sich spiegeln kann und die den Baum zum Leuchten bringen, wenn die Kerzen strahlen. Deshalb ist Jonathan noch am Heiligen Abend unterwegs. Denn er hat bislang noch kein Weihnachtsgeschenk für sie, doch es sollen jene Kugeln sein, aus dem Laden in der Stadt und er hat sie sich zurücklegen lassen. Sie sind sündhaft teuer. Jonathan trägt die Ersparnisse der letzten drei Monate bei sich.
Er erreicht den Laden, nimmt sich einen Moment Zeit die Schaufensterdekoration zu bewundern. Dann betritt er das Geschäft. Ein pausbäckiger, älterer Mann, mit ziemlich wenig Haaren auf dem Kopf, strahlt ihn an.
„Da sind Sie ja endlich! Ich habe schon auf Sie gewartet!", sagt er, greift unter die Ladentheke und stellt eine weiße Plastiktüte auf den Tresen.

„Da sind sie! Die letzten sieben Kugeln! Fertig verpackt und bereit für Sie!“
Jonathan kann nur nicken. Er bezahlt. Kein Cent verbleibt in seiner Börse. Die Kugeln wechseln den Besitzer.
Jonathan strahlt, dreht sich um und läuft in eine Frau, die hinter ihm steht. Das „VORSICHT!“, des Verkäufers kommt zu spät, und die Plastiktüte entgleitet Jonathans Händen.
Klirr.
Ein ganz leises Geräusch! Jonathan schaut nach. Eine Kugel ist trotz der Verpackung zu Bruch gegangen. Es nützt alles nichts! Er hat kein Geld, der Besitzer keine Kugeln und die Frau ist untröstlich unverbindlich. Jonathan denkt sich, dass er noch sechs Kugeln hat und geht.
„Frohes Fest!“, ruft der Besitzer des Ladens und Jonathan winkt zum Abschied. Mit der falschen Hand! Die Tüte schlägt gegen die Tür.
Klirr.
Jonathan sieht nicht nach, aber er weiß, dass er nur noch fünf Kugeln hat. Noch! Er drückt die Tüte an sich und geht hinaus auf die Straße. Gehetzt blickt er sich nach allen Seiten um. Als er jedoch einige Schritte getan hat und nichts geschehen ist, entspannt er sich ein wenig. Dieses herrliche Gefühl holt ihn wieder ein. Es ist Weihnachten! Und er hat die Kugeln für seine Freundin. Er fragt sich jedoch, wie viele Kugeln es noch sind. Jonathan bleibt stehen und öffnet die Tüte. Es ist ziemlich dunkel, und er greift hinein.
Die Tüte reißt, die Kugeln fallen heraus auf die Straße.
Klirr, Klirr, Klirr, Klirr.
Die letzte Kugel fällt auf die Trümmer der anderen und bleibt, wie durch ein Wunder, heil. Jonathan ist den Tränen nah.
Eine Kugel! Eine Einzige!
Was wird seine Freundin wohl sagen? Er eilt heim zu dem Mehrfamilienhaus am Rande der Stadt, wo sie gemeinsam eine kleine Wohnung bezogen haben.
Ohne weitere Zwischenfälle kommt er an. Im Treppenhaus brennt das Licht nicht, offensichtlich ist eine Birne durchgebrannt. Jonathan tastet

sich zur Treppe und stolpert beinahe über ein kleines Kind, das schluchzend auf den Stufen sitzt.
Die Kugel in den unsicheren Händen setzt er sich neben das Mädchen, das in der Wohnung unter ihm wohnt. Sie ist mit ihren Eltern erst letzten Monat eingezogen. „Warum weinst Du?“, fragt Jonathan.
Das Mädchen schluchzt noch einige Male, zieht dann geräuschvoll die laufende Nase hoch und atmet dreimal tief ein, bevor es antwortet: „Ich hasse Weihnachten!“
„Warum das?“, will Jonathan wissen, der sich keinen Grund vorstellen kann, warum man Weihnachten nicht lieben sollte.
„Wir sind umgezogen, und alle meine Freunde wohnen woanders!“, sagt das Mädchen.
„Aber Du wirst bald neue Freunde kennen lernen!“, meint Jonathan und will eigentlich schon gehen.
„Und wir finden die Kiste mit den Kugeln nicht!“, weint das Mädchen wieder los.
Jonathan wird es ziemlich heiß: „Welche Kugeln?“
„Die Christbaumkugeln! Sie sind weg! Wir haben sie verloren! Wie sollen wir Weihnachten feiern ohne Kugeln am Baum?“
Jetzt ist es Jonathan ordentlich heiß. Er denkt an die sechs zerstörten Kugeln, an seine Freundin und an Weihnachten.
„Hier!“, sagt er und reicht dem Mädchen die letzte Kugel. „Ich schenke sie Dir! Mehr habe ich nicht mehr! Vielleicht reicht ja die eine Kugel! Ich wünsche Dir ein frohes Fest!“
Er geht die Treppe hoch zu seiner Wohnung. Sie wird mich verstehen, denkt er.
Er klingelt. Niemand öffnet. Er klingelt noch einmal. Nichts geschieht. Er sucht mit einem unguten Gefühl nach dem Schlüssel in seiner Tasche. Hastig öffnet er die Tür. Es ist dunkel in der Wohnung und still. Als er das Licht einschaltet findet er auf dem Boden ein Blatt Papier. Auf diesem stehen nur drei Worte:
ES IST AUS
Jonathan nimmt den Zettel, Tränen steigen ihm in die Augen. Da klopft es

an der noch offenen Tür. Er dreht sich um. Das Mädchen steht da und strahlt ihn an.
„Komm mit! Ich möchte Dir unseren Baum zeigen! Du bist mein erster Freund hier in der Stadt."
Sie greift nach seiner Hand und zieht ihn mit.
Die Eltern des Mädchens begrüßen ihn und geleiten ihn in das Wohnzimmer.
Die Kerzen am Baum brennen und einige Strohsterne hängen an den Zweigen. Fast an der Spitze reflektiert die silberne Kugel, die letzte, das Licht der Kerzen und das glückliche Strahlen in dem Gesicht des Mädchens.
Das ist Weihnachten, denkt Jonathan und auch er beginnt zu lächeln.

# So nicht!!!

Regina Frischholz

Klein Paule spricht voll Zuversicht:
„Vom Weihnachtsmann, der alles kann,
da wünsch ich mir ein Schwesterlein.
Das wäre fein."
„Das werden wir nicht mehr schaffen",
ruft die Mutter und fängt an zu lachen.
„Und erst recht nicht vom Weihnachtsmann!!!",
brummt da der Vater, so laut er kann."

# Silvestergedanken

Dieter Christian Ochs

Alles und noch mehr
Welche Steigerung...
Nichts und noch weniger
Welche Untertreibung...
Alles nichts
Welche Voreingenommenheit...
Nicht alles
Welche Bescheidenheit...
Und doch
Brauchen wir nicht mehr
Und nicht weniger
Zum Leben als
ALLES
und
NICHTS.

Dazwischen liegt die Zärtlichkeit
Und weist uns den Weg...

# Uhr-ige Weihnachten

Enno Ahrens

Mutters hölzerne Tischuhr, die ihren Platz auf dem Wohnzimmerschrank gehabt hatte, war kurz vor Weihnachten stehen geblieben und zwar just in dem Augenblick, als ein Löffelverbieger, eine Art Uri-Geller-Verschnitt, im Fernsehen experimentierte.

Nun war unsere Verwandtschaft heftig am Diskutieren, ob es sich um einen Zufall gehandelt hatte, oder ob es tatsächlich diesem mysteriösen Medium zuzuschreiben sei. Das Uhrwerk zu reparieren lohnte sich jedenfalls nicht mehr.

Heiligabend waren Opa, Tante Adele und ich dann bei Vater und Mutter eingeladen. Ich brauchte noch ein Weihnachtsgeschenk für Mutter. Es lag auf der Hand, mich für eine Uhr zu entscheiden. Aber was würden Opa und Tante Adele tun? Ich besann mich darauf, als Einziger der Runde Schachspieler zu sein und die denken ja bekanntlich weiter. Die anderen würden vielleicht überlegen, eine Uhr zu wählen, dann aber sicher darauf verzichten, um der Peinlichkeit aus dem Wege zu gehen, ein zweiter oder gar dritter könnte Gleiches tun. Also würde ich gerade deswegen eine Uhr schenken. Ein Schachspieler denkt eben weiter.

Exklusiv im Privatfernsehen wurde eine Porzellantischuhr angeboten, mit puttenähnlichen Figuren und feinem Goldrand verziert. Das gute Stück war originalgetreu einer berühmten Uhr aus dem siebzehnten Jahrhundert nachgebildet und in einer limitierten Auflage erhältlich. Ich war begeistert. Das musste genau das Richtige für Mutter sein. Ältere Leute mögen so etwas. Heiligabend, wir sangen ein paar Weihnachtslieder, dann öffneten wir die Geschenkpakete. Vor Mutter standen drei Pakete gleicher Abmessungen, eins von Opa, eins von Tante Adele und eins von mir. Mutter packte eine Uhr

nach der anderen aus, jede mit denselben wundervollen puttenähnlichen Verzierungen.
Zuerst schauten wir uns untereinander ziemlich betreten an. Aber als Vater anfing, schallend zu lachen, trugen wir es mit Humor. Und ich gelangte zu der Erkenntnis, dass auch Nicht-Schachspieler weiter denken können.
Wir trösteten Mutter, falls ein Uhrwerk nicht mehr exakt funktionieren sollte, hätte sie ja Ersatz. Die Uhr von mir wurde eingelagert, die von Adele bekam ihren Platz auf dem Flur und die von Opa auf dem Wohnzimmerschrank, wo die alte Tischuhr gestanden hatte.
Nach einem halben Jahr gestand Mutter mir, dass sie Porzellanuhren mit Putten kitschig fände, außerdem passten sie nicht zu ihren Möbeln. Sie verbannte sie an unscheinbare Orte in Bügelzimmer und Speise-kammer. Nur wenn Opa oder Tante Adele ihren Besuch ankündigten, wanderten die Uhren geschwind auf ihre auserwählten Plätze. Ich fragte Mutter, ob ich die ungeliebten Uhren nicht auf dem Flohmarkt veräußern solle. Das lehnte sie entschieden ab, denn man dürfe keine Geschenke verhökern. Außerdem wären Opa und Tante Adele untröstlich gewesen.
Ungefähr drei Jahre gingen ins Land und die Uhrwerke der Porzellanuhren funktionierten nach wie vor mit beängstigender Präzision. Mutter befürchtete, sie würden ewig halten. Auf mein Drängen hin brachte Mutter die unverwüstlichen Zeitmesser endlich zum Trödler in die Geibelstraße. Der Verwandtschaft schwindelten wir vor, Mutter hätte die Uhren mit einem Spezialpflegemittel gereinigt und auf den Terrassentisch zum Trocknen gestellt. Dummerweise hätte ich an eines der Tischbeine meinen bulligen Rottweiler Bonzo angebunden, der bei der spontanen Verfolgung des Briefträgers den kleinen Tisch mitgerissen habe. So seien die Uhren jäh auf den Fliesen zerschellt.

Opa und Tante Adele meinten, so ein Missgeschick könne auch nur mir passieren mit meiner mangelnden Umsicht. Aber ich ertrug geduldig ihren Spott, hatte ich doch Mutter eine große Bürde genommen.

Heiligabend stand abermals vor der Tür. Diesmal kamen nur Opa und ich auf Besuch bei Vater und Mutter. Tante Adele musste mit ihrer Familie feiern. Ich wollte den leeren Platz auf dem Wohnzimmerschrank ausfüllen. Mutter zeigte mir eine Holzuhr in einem Katalog, die ihr gefiel und in deren Stil ich ihr eine schenken sollte. Opa war an jenem Heiligabend bereits morgens eingetroffen und begleitete mich in die Stadt, um ebenfalls noch ein Geschenk zu besorgen. Wir trennten uns bald im gegenseitigen Einvernehmen. Keiner sollte sehen, was der andere für Geschenke erwarb. Wir legten Wert auf Überraschungen.

Vater ließ abends den Tannenbaum im Lichterglanz erstrahlen. Wir sangen dazu, wie jedes Mal. Dann öffneten wir die Präsente. Mein Geschenk, eine schöne hölzerne Tischuhr, packte meine Mutter als Erstes aus. Sie bekam sofort den zentralen Platz auf dem Wohnzimmerschrank. Opas drei Geschenke mit mir vage vertrauten Abmessungen, packte Mutter als Nächstes aus. Im Nu standen drei gleiche Uhren aus Porzellan mit Putten vor ihr auf dem Gabentisch, die einmal in limitierter Auflage im Privatfernsehen offeriert worden waren. Opa triumphierte stolz. Er hätte möglicherweise die drei letzten Exemplare, die es auf dem ganzen Globus noch käuflich zu erwerben gegeben hätte, erstanden und der Trödler in der Geibelstraße hätte ihm nicht gerade einen billigen Preis gemacht. Aber für Mutter sei ihm kein Opfer zu groß, und ich solle mich tunlichst von diesen Wertanlagen fernhalten.

Mutter machte indes ein Gesicht, als ob sie sich nicht schlüssig war, ob sie vor Verzweiflung lachen oder weinen sollte. Seitdem stand immer eine jener Porzellanuhren in der Glasvitrine im Esszimmer und ich hatte zuweilen das Gefühl, als grinsten die Putten mich hämisch an.

# Verträumte Welt

Willi Corsten

Leise fällt vom Himmelszelt
Schnee auf die verträumte Welt
hellt mit seiner weißen Pracht
glitzernd auf die Winternacht
wärmt wie eine Daunendecke
den Igel in der Kompostecke.

Eingerollt im Stachelkleid
verschläft er still die kalte Zeit
träumt vielleicht, wer kann es sagen
von den schönen Sommertagen
von reifen Äpfeln oder Schnecken
die so trefflich gut ihm schmecken.

Daneben schläft im Kugelnest
ein Haselmäuschen tief und fest
Brust und Kehle glänzen hell
im rötlich-gelben Sametfell
ganz langsam pocht ihr Herzchen nur
bei vier Grad Körper-Temp'ratur.

Im Haus ist Marlies aufgewacht
geht zum Fenster hin ganz sacht
sieht draußen im Laternenlicht
die Flocken tanzen dicht an dicht
ruft gleich mit einem Freudenschrei
den kleinen Benjamin herbei.

Derweil spannt schon der Weihnachtsmann
das Pferdchen vor dem Schlitten an
um vollgepackt mit tausend Sachen
die Kinderherzen froh zu machen
der brave Mann hat viel zu tun
und keine Zeit sich auszuruh'n.

So hält die dunkle Jahreszeit
recht gute Dinge doch bereit
man muss sie nur erkennen wollen
und unsren Dank dem Schöpfer zollen
der klug und weise hat erdacht
was uns auf Erden Freude macht.

# Vom Himmel hoch

Willi Corsten

Vom Himmel hoch, da komm ich her,
beginnt das Lied der Weihnachtsmär,
jedoch was diesmal kam von oben,
ließ sündhaft höllisch mich nun toben.

Es war kein Engel mit Posaune,
kein Christkindchen in Geberlaune,
kein Ochs und auch kein Eselpaar,
kein Bote aus der Hirtenschar.

Was abwärts saust vom achten Stock,
im freien Fall vom Häuserblock,
das war, man glaubt es wahrlich kaum,
ein reich geschmückter Tannenbaum.

Geworfen von dem Sohnemann,
der's Lied nicht mehr ertragen kann,
das fünfzehn Mal erklang und mehr:
Vom Himmel hoch, da komm ich her...

# Vom Weihnachtsbaum

Dieter Christian Ochs

Wenn ich nicht wär'
So knarzt die Wurzel
Dann hättest Du auch keinen Stamm
Du wärst ein mickrig kleiner Knurzel
Und nie ‚ne richt'ge Weihnachtstann.

Wenn ich nicht wär'
Fiept da die Spitze
Dann würdest du zu Feuerholz
Du gingest auf in Rauch und Hitze
Und mit dem Feuer auch dein Stolz.

Wenn wir nicht wär'n
Wispern die Zweige
Dann könntest du den Schmuck nicht tragen
Bliebst steh'n im Wald als „letzte Geige"
Und niemand würd' es hör'n dein Klagen.

Wenn wir nicht wär'n
Raunen die Nadeln
Dann ständest du ganz nackt und kahl
Ein jeder würd' dein Ausseh'n tadeln
Und bald wärst du ein Weidenpfahl.

Wenn ich nicht wär'
Gluckst da das Wasser
Dann käm' dein ganzer Wuchs ins Stocken
Du würdest grau und immer blasser
Und jedes Teil an dir blieb trocken.

Wenn ich nicht wär'
Dröhnt's laut von oben
Dann wärst du keine Weihnachtstann
Wärst nie in Stuben eingezogen
Das ruft euch zu...der Weihnachtsmann.

Wenn ich nicht wär'
Tönt es dann weiter
Dann bliebe dir im Winter kalt
So schweige still und ...werde heiter
Und...freu' dich, Weihnachten ist bald.

# Weihnacht der Tiere

Sonja Bartl

Das Christkind hatt´ in der Weihnachtsnacht,
auch an die Tiere des Waldes gedacht.
Es brachte den flauschigen Häschen Klee,
sowie für die flinken Hirsche und Reh´
gar viele Bündel duftendes Heu,
ein Sack mit Kastanien war auch dabei.
Die fleißigen Hände der Engelein,
streuten Futter in jedes Vogelhaus ein.
Auf die Füchslein hatt's Christkind auch geschaut
und den Förstern alle Fallen geklaut.
Den Eichkätzchen rollte es hin zum Schluss,
Eicheln und eine leckere Nuss.
Dann hatte es heimlich ein Tännchen geschmückt
und mit funkelnden Kerzen und Sternchen bestückt.
Die Tiere, sie staunten und freuten sich sehr,
ganz aufgeregt hüpften im Schnee sie umher.
In den Äuglein spiegelte sich der Baum,
wie ein glitzernder, stiller Weihnachtstraum.
Es kam zu der Runde ein Mäuschen hinzu
und fragte das Christkind: „Sag, was wünscht dir du?"
„Ich wünsche mir, wenn wieder Weihnacht ist,
jedes Erdenkind nicht all die Tiere vergisst,
dass jeder Liebe und Freude verschenkt,
besonders an jene, an die keiner denkt."

# Weihnachten

Gabriele Schoenemann

Weihnachtszeit ist Zauberzeit,
das weiß doch jedes Kind,
weil alle Menschen weit und breit
Geheimniskrämer sind.

Der Nikolaus mit Sack und Pack
kommt heimlich nachts vorbei,
bringt schon mal einen Vorgeschmack
von süßer Nascherei.

Die Himmelspost hat viel zu tun
mit den Wunschzettelschreiben.
Sie darf nicht rasten oder ruhn,
dass sie nicht liegen bleiben.

Der Abendhimmel rot erglüht,
weil's Christkind Plätzchen bäckt.
Und alle Engel helfen mit:
wie das den Kindern schmeckt!

Es wird gewerkelt und geflüstert
hinter verschlossenen Türen,
es wird geraschelt und geknistert
mit Folien und Papieren.

Aufs Fensterglas der Winter malt
Eisblumen aus Kristallen.
Schnee überzuckert Feld und Wald,
wenn feine Flocken fallen.

Und jeden Tag ein Türchen mehr
sich öffnet im Advent,
bis endlich dann im Lichtermeer
die vierte Kerze brennt.

Die Weihnachtszeit ist Zauberzeit,
das weiß doch jedes Kind.
Und jedes Jahr zur Weihnachtszeit
wir wieder Kinder sind.

# Weihnachten kommt sicher

Ursula Geiger

Man muss jetzt schon daran denken,
was wird man seinen Lieben schenken.
Der Herr Papa kriegt eine Mütze,
die ihn vor Eiseskälte schütze.
Für Frau Mama ein schönes Kleid,
darüber, sie sich sicher freud.
Der Max bekommt ein Kartenspiel,
denn er hält von den Karten viel.
Ein Schminkset für die liebe Susi,
denn sie hat grad ihr erstes Gspusi.
Auch Oma Lore wird bedacht,
ein Witzbuch, da sie gerne lacht.
Die neue Pfeife für den Opa,
da kann er paffen auf dem Sofa.
Der Hausherr kriegt die tolle Angel,
sonst gibt's im Urlaub nur Gerangel.
Sogar der Hund wird gern beschenkt,
die Knackwurst dann am Christbaum hängt.
Die eignen Wünsche sind nicht wichtig,
man hofft nur, das Geschenk ist richtig.

# Weihnachtlicher Überfall

Matthias Mross

„Geld wollen Sie?“, fragte Ladeninhaberin Helena, als ihr der Mann eine Pistole vors Gesicht hielt. „Da sind Sie bei mir an der falschen Adresse.“ Ruhig öffnete sie die Kasse und zeigte den Inhalt: Nichts.
„Aber irgendwo müssen Sie die Scheine doch aufbewahren“, entgegnete der Eindringling etwas verwirrt. „Schließlich haben Sie Einnahmen, und Wechselgeld brauchen Sie auch.“
Er gab sich Mühe, bedrohlich auszusehen.
„Suchen Sie nur, mein Herr, suchen Sie! Bei mir gibt es nichts zu verbergen. Sehen Sie denn nicht, mit was ich handle? Seit Tagen habe ich nichts von meinen Basteleien verkauft. Was sage ich – seit Wochen! Selbst in der Weihnachtszeit interessieren sich die Leute nur für andere Dinge.“
„Das können Sie mir nicht weismachen.“ Er nahm eine aus Seide verfertigte Sonnenblume, die zum Verkauf in einer Vase stand, und fuchtelte damit in der Luft. „Das Zeug hat doch seinen Wert. Sie werden schon Ihren Umsatz machen. Heraus damit, oder ich drücke ab!“
Selbst unter dieser Androhung behielt Helena ihre Selbstsicherheit. Sie legte ihre Handtasche auf den Kassiertisch, öffnete Brieftasche und Portemonnaie, so dass sich der Mann gründlich überzeugen konnte. Es war nichts da.
„Ich machen Ihnen einen Vorschlag“, sagte Helena. „Setzen Sie sich auf den Stuhl dort in der Ecke und beobachten Sie mich. Sobald ich etwas einnehme, sollen Sie es haben. Das verspreche ich Ihnen. Sie sehen übrigens, dass ich Ihnen nicht entfliehen kann. Nicht einmal eine Alarmanlage gibt es in meinem armseligen Laden.“
Was blieb dem Eindringling anderes übrig? Die leere Kasse hatte ihn dermaßen außer Fassung gebracht, dass er froh war, für eine Weile Platz nehmen zu dürfen. Die Pistole unter seinem Mantel versteckt, die seidene Sonnenblume auf den Schoss gelegt, wartete er in verkrampfter Haltung.

Helena, die auch in solch einer Situation die Zeit sinnvoll nutzen wollte, schlug eines ihrer Bücher auf und las. Der Text nahm sie ganz in Anspruch, sie dachte nicht mehr an links und rechts, und auch die leere Kasse, hinter der sie saß, interessierte sie nicht mehr. So verging eine Stunde, dann eine zweite, und der Vormittag verstrich, ohne dass noch jemand den Laden betrat. Der Mann hielt seine Stellung, wurde dabei aber immer nervöser. Er fing an, auf dem Stuhl hin und her zu rutschen.

Helena blickte auf, sah dem Eindringling in die Augen und sagte: „Sehen Sie, Sie hätten sich einen anderen Laden aussuchen sollen. Warum meinten Sie, bei mir etwas zu finden?"

„Wen hätte ich denn sonst überfallen sollen? Die anderen Geschäfte waren zu voll. Ich dachte, dass ich hier leichtes Spiel hätte und ungestört an Beute käme. Aber so irrt man."

Der Mann hörte sich so enttäuscht an, dass Helena Mitleid bekam. Sie brachte ihm eine Dose mit Weihnachtsgebäck und forderte ihn auf, zuzugreifen. Dann fragte sie:

„Wieso wollen Sie eigentlich ein Verbrechen begehen, noch dazu so kurz vor dem heiligen Fest? Wozu brauchen Sie das Geld?"

„Wozu ich Geld brauche? Das fragen Sie noch? Ich will tun, was alle Leute tun – einkaufen."

„Und was, bitteschön?"

Der Mann zögerte. Man sah ihm an, dass er sich schämte, von seiner Not zu sprechen. Aber schließlich musste es einmal heraus und wenn Helena schon kein lohnendes Opfer zum Überfallen war, so vielleicht eine geduldige Seelsorgerin. Also fing der Eindringling, Weihnachtsplätzchen kauend, zu erzählen an. Er erzählte von seiner Familie, von der kleinen Wohnung, in der sie hausten, von seiner Arbeitslosigkeit, und dass er seit dem Tode seiner Frau nur Sorgen über Sorgen habe.

„Ich kann einfach nicht haushalten", rief er verzweifelt aus, klopfte sich dabei an die Brust. „Und ich frage mich, wie meine Frau das immer schaffte. Das Geld rinnt mir zwischen den Fingern, es läuft weg, ich verstehe selbst nicht, wohin. Ständig fehlt es uns am Nötigsten. Dieses Jahr wollte ich meinen Kleinen so gerne ein Weihnachtsgeschenk machen und weiß

nicht wie.“
Helena hatte aufmerksam zugehört.
„Sie wollen also stehlen, um nachher schenken zu können?“
Der Mann nickte.
„Das ist bedenklich.“ Helena runzelte die Stirn. „Und sicher nicht korrekt. Aber ich will Ihnen, da Sie nun mal ein Dieb - und noch dazu ein sehr einfältiger - sind, einen Tipp geben.“
„Was meinen Sie?“
„Nun, statt auf große Geldbeträge auszugehen, könnten Sie mit etwas Einfachem anfangen. Stehlen Sie - sagen wir mal, die Gebäckdose! Es wäre doch schön, wenn nicht nur Sie davon bekämen, sondern auch Ihre Kinder.
Über das Gesicht des Mannes huschte ein Hoffnungsschimmer.
„Wo habt ihr Frauen nur euren praktischen Sinn her? Diese Idee hätte geradezu von meiner Gemahlin kommen können. Aber...“ - sein Gesicht verfinsterte sich wieder - „...ich befürchte, dass daraus nichts wird. Ich bin so ausgehungert und die Weihnachtsplätzchen schmecken so lecker, dass ich mit einer leeren Dose heimkäme. Verstehen Sie: Ich bin völlig beherrschungslos.“
Die kluge Helena nickte mit dem Kopf. Ihr war alles klar. Sie setzte sich wieder, dachte ein wenig nach, dann nahm sie ihr Buch und las noch ein paar Zeilen. Schließlich schlug sie es mit einem Knall zu.
„Die Geschäfte schließen“, verkündete sie, „und auch ich muss mich an die Ladenöffnungszeiten halten. Zum Geschenke einkaufen ist es jetzt zu spät. Vor Heiligabend kriegen Sie nichts mehr.“
Der Mann seufzte. „Wie letztes Jahr“, murmelte er, „genau wie letztes Jahr.“
„Aber wissen Sie“, setzte Helena fort, „ich mache Ihnen einen Vorschlag. Da ich keinerlei familiäre Verpflichtungen habe, kann ich Sie zu Ihren Kindern begleiten und bei der Bescherung helfen. Geben Sie mir die Dose, ich passe darauf auf!“

Mit so einem Ausgang hatte der Eindringling nicht gerechnet. Staunend und gleichzeitig erleichtert schaute er die Frau an.
„Wollen Sie das wirklich tun? Die Kleinen würden sich so über einen Besuch freuen!"
„Natürlich will ich es tun, ich nehme mein Wort nicht zurück. Nur legen Sie bitte Ihre Pistole beiseite, die brauchen Sie nicht mehr."
„Ach die Pistole – vor der brauchen Sie keine Angst haben, die ist nicht geladen. Seit Jahren schon kann ich mir keine Munition mehr leisten."
„Hab ich mir fast gedacht."
„Ja, aber wenn sie geladen gewesen wäre, dann hätte ich auch geschossen. Verstehen Sie – ich bin ein Mann!"
„Natürlich verstehe ich. Aber auch das vergebe ich Ihnen. Weihnachten ist das Fest der Liebe, und da wollen wir nicht mehr von Schießereien sprechen.
Helena schloss die leere Kasse ab, ließ die Rolläden herunter und sah noch einmal auf ihre Warenregale.
„Vielleicht würden sich Ihre Kinder... wie viele haben Sie?"
„Fünf", antwortete der Mann, „fünf Kinder, doch bald sind's sechs. Meine Älteste ist schwanger."
„Schon gut, schon gut. Ich nehme das da mal mit."
Zur Gebäckdose packte sie sechs selbst gebastelte Geschenke aus Stein, aus Holz und aus Stroh – die schönsten, die sie besaß. Auch hob sie die Sonnenblume, die mittlerweile zu Boden gefallen war, auf.
„Das werden wir alles gebrauchen können", meinte Helena und verriegelte die Türe. „Wollen wir die Kleinen nicht länger warten lassen."
Mit bestimmtem Schritt trat sie auf den Bürgersteig, und der Mann, der ziemlich wackelig auf den Beinen war, durfte sich einhängen.

# Weihnachtliches Familientreffen

Enno Ahrens

Nach längerer Abstinenz traf ich mich mit meinen älteren Brüdern Karl und Uwe am Heiligabend bei den Eltern wieder und meine Freude hob an wie ein gasgefüllter Luftballon. Leider haben Ballons die Neigung zu zerplatzen.

Mutter war noch am Putzen, während Vater ein Vogelhäuschen bastelte. Und zwischen Karl, Uwe und mir herrschte Einigkeit; wir wollten uns nicht gegenseitig beschenken. Der Duft von Gänsebraten steigerte meine Stimmung noch und Schneeflocken wie Wattebäuschchen schwebten gegen die Scheibe des Wohnzimmerfensters.

Dann wollte ich die Lichterkette über den Christbaum hängen. Aber Karl und Uwe hefteten sich an das Kabel und keiften einstimmig: „Wir legen die Lichterkette an. Schließlich sind wir in der Elektrobranche. Du kannst schmücken." Dazu hatte ich absolut keine Ambitionen. Doch ich gab nach. Dann rief Mutter zum Festtagsmenü.

Die Eltern hatten ihre Möhrendiätteller vor sich, und ich lechzte nach den prallen Keulen der Gans, leider pietätvoll, wie ich nun mal bin, einen Moment zu lange, denn im Nu hatten Karl und Uwe sich jeder einen Schenkel abgetrennt. Ich trat in den Hungerstreik und trank nur von dem Rotwein ein wenig.

Wie widerlich Karl schmatzte und diese lüsternen Augen dabei. Und wie abscheulich sah doch Uwes Jackett um den Halsausschnitt herum aus. Lauter Schuppen waren darauf gerieselt. Mutter schaute besorgt zu mir herüber und sagte: „Junge, nun iss doch. Es ist genug da." - Nein, es fehlte eine Gänsekeule.

Am Spätnachmittag, Mutter war noch am Backen, machte sich Vater einen Spaß und verkleidete sich als Weihnachtsmann mit den Sachen von früher. Die Knopfleiste am Mantel über seinen Bauch dehnte sich. Vater trabte hinaus in den Garten und polterte bald wieder niesend in die Wohnstube herein. Er drohte lachend mit der Rute: „Man pinkelt aber nicht in den Schnee." Uwe und Karl bezichtigten mich: „Enno muss es gewesen sein. Wir beiden haben ja nichts getrunken." „Soso", explodierte ich.

„Es war ein Kaninchen," beruhigte Vater uns, entzündete die Kerzen, holte Mutter aus der Küche und sie gaben jeden von uns einen Hundertmarkschein. Sofort entspannte sich die Atmosphäre, bis Vater den Sack ausschüttete. Er meinte etwas verlegen: „Irgendetwas musste ich ja in den Sack stecken. Vielleicht kann sogar jemand von euch den Plunder gebrauchen." Eine wunderschöne Spieldose und eine angefressene Puppe präsentierten sich.

Ich überlegte, ob ich die Spieldose lieber in meiner Spiegelvitrine oder auf meiner Barsäule platzieren sollte, als sich Uwe ihrer bemächtigte. Diesmal protestierte Karl und ich befand mich plötzlich nicht mehr in der streitenden Minderheit. Und kühn brach es aus mir heraus: „Mir steht die Spieldose zu. Ihr habt die Gänsekeulen verzehrt!" Karl lenkte ein, er sammle neuerdings solche Dosen und so würde er bei einem Verzicht darauf am meisten leiden. Zudem behauptete er, Uwe könne nichts mit dem Spielzeug anfangen, er wolle ihn nur verärgern.

Die Kontrahenten bedienten sich eigensinniger Streitgepflogenheiten, mit dem Erfolg, dass Uwe sich wütend mit seiner Beute verabschiedete, und ich hatte nur noch einen Gegner, an dem ich den Frust über mein erlittenes Unrecht abreagieren konnte. Ich zwinkerte Mutter zu und wandte mich an Karl: „Ich überlasse dir die Puppe. Für dich wird es Zeit, Vater und Mutter endlich Enkelkinder zu bescheren, die damit spielen können."

Ich wusste, dass Karl dieses Thema hasste, denn mit Frauen gab er sich nicht ab, weil er Ängste hatte, ihnen gegenüber zu versagen. Karls Schädel lief blaurot an. Er schmiss die Puppe fort, die Mutter ihm inzwischen in die Hand gedrückt hatte, stokelte hastig hinaus zu seinem Cabriolet und fuhr mit aufbrausendem Motor davon.

Mutter jaulte, und ich befürchte, erst wenn es Gänse mit *drei* Beinen gibt, treffe ich mich mit meinen Brüdern wieder.

# Weihnachtsessen

Ute Kleinschmidt

Alle Jahre wieder ... stehe ich vor derselben Frage: Was koche ich am Heiligen Abend?
Den obligatorischen Flattermann in Form einer Ente gibt's immer am ersten Weihnachtstag bei meiner Schwiegermutter – also kommt Geflügel schon mal nicht in Frage. Wild ist nicht unser Geschmack, und mein Mann weigert sich strickt, Fischgräten zu puhlen. Da bleibt kaum noch etwas Besonderes, aber besonders soll es ja an diesem Tag sein.
Jahrelang habe ich uns leckeren Kaninchenbraten serviert, aber seitdem unsere Söhne zwei dieser langohrigen Freunde im selbst gezimmerten Stall halten, ist an solch kulinarischen Frevel natürlich nicht mehr zu denken.
Einmal gab´s Fondue. Eigentlich doch das ultimative Festessen, hatte ich mir gedacht, dabei aber unseren Opa vergessen. Wie konnte ich nur von ihm verlangen, sich an diesem Festtag sein Essen selber zu kochen! Beleidigt setzte er sich an die festlich geschmückte Tafel und wartete darauf, dass ich ihm die kleinen Fleischstücke auf den Teller legte. Ein anderes Mal hatte ich extra gutes Schweinefilet gekauft, Medallions daraus geschnitten und sie saftig in der Pfanne gebraten. Nachdem ich die Fleisch-stückchen auf die Teller verteilt und mit frischen Kräutern dekoriert meiner Familie gereicht hatte, erntete ich nur einen ungläubigen Blick von Onkel Josef. So kleine Stücke Fleisch an einem Festtag und dann auch noch abgezählt hatte er seit dem Krieg nicht mehr erlebt.
Aber... irgendetwas wird mir bestimmt noch einfallen, hat bisher doch immer geklappt. Zum Glück bleiben ja noch ein paar Tage Zeit.

# Weihnachtsfloh

Heidrun Gemähling

Im weißen Barte saß ein Floh,
darüber war der Mann nicht froh,
denn dieser sprang ganz wild umher,
zur Weihnachtszeit mehr und mehr,
weil er so sehr sich freute,
auf all die fremden Leute,
nur zu den lieben Kinderlein,
sprang er nicht im Kerzenschein.
Da Flöhe sie nicht kannten,
blieb er bei großen Verwandten,
zwickte hier und zwickte dort,
biss und hüpfte immerfort,
sah dann den Familienhund
zu der weihnachtlichen Stund',
ließ sich auf ihn fallen,
der zeigte ihm die Krallen,
das störte aber nicht den Floh,
liebte das Fremde und war froh.

# Weihnachtsgans

Ursula Mayer

Im Herbst wurden auf dem Geflügelhof viele, viele Gänse für Weihnachten gemästet.

Sie lebten auf einer großen Gänseweide, von einem hohen Zaun umgeben, und vom Hofhund „Ferdinand" bewacht.

Die Gänse bekamen nur das beste Futter, denn sie sollten bis Weihnachten, alle dick und fett sein.

Schön und stattlich wollten sie alle werden, um auf dem Weihnachtsmarkt als Weihnachtsgänse zu glänzen.

Unter der Gänseschar war ein kleines mickriges Gänschen, es war nicht so schön weiß wie die anderen, sondern leicht gräulich und klein.

Das kleine Gänschen kam nicht mal an die Futtertröge, weil die Gänseherde sich darauf stürzte und es wegdrängte, ihm blieben nur die Reste des Futters.

So konnte es nicht groß und stattlich werden!

Die großen Gänse wollten das kleine Gänschen nicht: „Du bist hässlich" sagten sie: „Du kannst nicht auf den Weihnachtsmarkt und bist keine von uns."

Das kleine Gänschen war traurig und baute sich in der Ecke des Zaunes ein Nest.

Tagelang schleppte es Zweige, Blätter und dürres Gras zusammen und baute sich ein schönes Nest. Erhaben thronte das Gänschen in seinem Nest und träumte, als Weihnachtsgans auf dem Weihnachtsmarkt prämiert zu werden.

Eines Tages hörte es, wie sich der Hofhund Ferdinand und der Haushund Leo unterhielten.

Ferdinand sagte: „Was sind die Gänse doch so dumm, jedes Jahr das gleiche. Sie können nicht schnell genug dick und fett werden, die glauben doch tatsächlich als Weihnachtsgänse auf den Weihnachtsmarkt zu kommen, dabei landen sie alle als Weihnachtsgänsebraten in den

Bratpfannen."
Das kleine Gänschen erschrak fürchterlich. Als Weihnachtsbraten wollte es nicht enden. Aufgeregt flatterte es aus seinem Nest und rannte unter die große Gänseherde.
„Hört mal alle her", schrie das Gänschen und schlug mit den Flügeln, „ihr kommt gar nicht auf den Weihnachtsmarkt, ihr werdet alle Weihnachtsgänsebraten."
Die dicke Berta war die Anführerin der Gänseherde, sie stellte sich vor das Gänschen, plusterte sich auf und sagte: „ Jetzt sei aber still, du dumme Gans, du willst uns nur die Vorfreude nehmen. Weil du so hässlich bist, hast du keine Chance auf den Weihnachtsmarkt zu kommen."
Die anderen Gänse schubsten das kleine Gänschen und riefen: „Verschwinde, dumme Gans, hässliches Gänschen."
Eingeschüchtert schlich das kleine Gänschen wieder auf sein Nest.
Ich muss hier raus, dachte es und die Tränen kullerten ihm aus den großen, traurigen Augen.
Über all dem Elend schlief es ein und träumte von einem Leben als Weihnachtsgans in Freiheit.
Am nächsten Morgen, als das kleine Gänschen erwachte, sah es, dass ein Kaninchen ein Loch unter dem Zaun gegraben hatte, es war nur ein kleines Loch, aber für das Gänschen reichte es.
Mit aller Kraft zwängte sich das Gänschen unter dem Zaun hindurch, es war sehr eng, einige Schwanzfedern blieben am Maschendraht hängen und es zerrte sich den rechten Flügel, aber es war draußen. So schnell es konnte rannte das Gänschen über das Feld zum nahen Bach, hinter sich das wütende Gebell des Hofhundes.
Todesmutig stürzte sich das Gänschen in den Bach und die Fluten nahmen es mit.
Ängstlich den Hals gereckt um das Gleichgewicht zu halten und nicht unterzugehen, trieb es weiter den Bach hinunter.
Das Bellen des Hundes war verstummt und plötzlich merkte das Gänschen, dass es schwimmen konnte, die Füße bewegten sich wie Paddel. Ganz glücklich steuerte es auf das Ufer zu, im dichten Schilfgürtel unter

den Zweigen des Ufergebüschs suchte es sich ein Nachtlager und schlief vor Erschöpfung sofort ein.
Am nächsten Morgen schwamm das Gänschen in der Mitte des Baches immer weiter und weiter. Der Bach verbreitete sich, war jetzt stattlich und reisend, die starke Strömung nahm das Gänschen mit flussabwärts.
Gegen Abend kam das Gänschen an eine breite Sandbank, hier schnatterte eine große Entenschar. Eine rief: „Wo willst du hin?“, eine andere fragte: „Wo kommst du her, kleines Gänschen?“
Das Gänschen setzte sich zu den Enten auf die Sandbank, erzählte ihnen seine traurige Geschichte und musste dabei heftig weinen.
Eine der Enten sagte: „komm doch mit uns, wir leben auf einem großen Bauernhof mit vielen Tieren, alle bekommen wir dort das Gnadenbrot, es geht uns sehr gut.
Das Gänschen hatte nichts zu verlieren und trippelte den schnatternden Enten hinterher zum Bauernhof.
Dort lebten wirklich viele Tiere, Gänse, Hühner, ein kleiner Esel, Minischweine, Schafe, Ziegen, Tauben, Katzen, Hunde und ein Pony stand auch herum.
Schnell wurde von den Tieren eine Versammlung einberufen und sie entschieden, dass das kleine Gänschen bleiben konnte.
Die alte Graugans Agathe trat hervor und lud das Gänschen für heute Abend zur Weihnachtsfeier ein.

Als es Dunkel wurde versammelten sich alle Tiere unter dem großen Weihnachtsbaum, der in der Mitte des Hofes stand. So etwas Schönes hatte das kleine Gänschen noch nicht gesehen. Funkelnde Lichter, glänzende, goldene Sterne und rote Kugeln, schmückten den Baum.
Unter dem Baum und auf dem Hof fand jedes der Tiere sein Lieblingsfutter und alle Tiere nahmen das Weihnachtsessen ein.
Das kleine Gänschen hatte noch nie so viel leckeres Futter gesehen und war sprachlos vom friedvollen Zusammenleben der verschiedenen Tiere.
Die alte Graugans Agathe, die Sprecherin der Tiere, fragte: „Nun kleines Gänschen, gefällt es dir bei uns, möchtest du hier bleiben?“ Das Gänschen

war überwältigt von soviel Freundlichkeit. „Ja, ja, ich bleibe gerne“, sagte das Gänschen.
„Wie ist dein Name?“, fragte Agathe.
„Ja weißt du, die anderen Gänse haben mich immer nur dumme Gans, oder hässliches Gänschen gerufen“, meinte es.
„Das ist kein Name für dich“, sagte Agathe. „Wir werden dir einen neuen Namen geben.“
Die Tiere traten zusammen und berieten sich. Das Gänschen wurde unter den Weihnachtsbaum gerufen und Agathe sprach: „Wir haben einen schönen Namen für dich ausgesucht, weil heute Heiligabend ist und das Christkind geboren wurde, sollst du Christa heißen, die Weihnachtsgans.“
Der Gänserich Erwin trat vor und legte dem kleinen Gänschen eine breite rote Schleife um den Hals.
Stolz plusterte das Gänschen die Brust, streckte den Hals und vor lauter Freude glühte das kleine Köpfchen rot. Christa, so ein schöner Name und Weihnachtsgans war sie geworden! Sie konnte ihr Glück gar nicht fassen.
Auf einmal fielen dicke weiße Flocken vom Himmel - der erste Schnee. Wie verzaubert war der Hof und die Tiere. Um Mitternacht war die Feier zu Ende.

Die Enten boten Christa in ihrem Stall ein Nachtlager an. Ein warmes Nest mit weichen Gänsedaunen. Christa war glücklich, legte den Kopf unter den Flügel und war sofort eingeschlafen.
Sie träumte von ihren neuen Freunden, dem schönen Namen, vom Weihnachtsabend, dem Gänserich Erwin und einer Schar Gänseküken.

# Weihnachtsgedanken

Sonja Bartl

Wünsche und Gedanken fließen,
aus der Feder auf´s Papier,
doch der Platz, er wird nie reichen
so viel schreiben möcht´ ich dir.

Daher will ich kurz mich fassen,
liebe Grüße senden und
frohe Weihnachten dir wünschen.
Guten Rutsch und bleib gesund!

# Weihnachtslied

Lorenz Eyck

Jedes Jahr zur Winterzeit
ob es regnet oder schneit,
kommt zu uns ein guter Mann
aus dem Walde, aus dem Tann.
Und er bringt zum Nutz und Laben
viele schöne, gute Gaben.

Jedes Jahr zur Weihnachtszeit
steht ein Tannenbaum bereit
in Palästen und in Stuben
für die Mädchen und die Buben.
Und er scheint mit seinen Kerzen
tief in unsere frohen Herzen.

Jedes Jahr soll Friedenszeit
bei den Menschen weit und breit
sein zum Beten und Gedenken,
zum Begrüßen und Beschenken.
Denn es schaut der Allgebieter
auf die ganze Menschheit nieder.

# Weihnachts-Männer

Gabriele Schoenemann

Die Weihnachtszeit ist Männerzeit, leicht ist es zu beweisen,
man feiert Hauptpersönlichkeiten nur aus Männerkreisen:

St. Martin hoch zu Ross kommt im November hergeeilt,
der voller Großmut seinen Mantel brüderlich geteilt,
er wird gefeiert mit Tamtam und reichlich Publikum
und mit Laternen lichterfroh zieht singend man herum.

Als nächstes im Dezember kommt der liebe Nikolaus,
der teilt aus dem Geschenkesack die schönsten Gaben aus.
Bei einem Mann bleibt es hier nicht, es naht sogleich ein zweiter:
Knecht Ruprecht folgt ihm auf dem Fuß, sein treuer Wegbegleiter.

Und wenn vor Ungeduld man kaum erwarten es noch kann,
als Höhepunkt der Weihnachtszeit kommt dann der Weihnachtsmann.
Die Kinderherzen schlagen höher, Träume werden wahr,
sie haben fieberhaft gewartet fast ein ganzes Jahr.

Dass Weihnachts-Männer unentbehrlich, weiß ein jedes Kind,
die Wohltäter der Weihnachtszeit mithin nur Männer sind.

Die Weiblichkeit im Hintergrund nur werkelt, bastelt, schuftet,
bis alles weihnachtlich geschmückt und glänzt und klingt und duftet.
Sie schaffen unermüdlich, bis das große Fest beginnt.
Ob Frauen nicht in Wirklichkeit die Weihnachtsengel sind?

# Weihnachtsmark(e)t(ing)

Dieter Christian Ochs

Menschen hasten vorüber...
gehend im Rolltreppenwind
Leeren Gesichter in Preisschilder aus
Masken...pünktlich festlich eingestellt
Ertrinken im bitteren Weihnachtsbock
Und doppelt zungenbelegt
Schwitzende Väter schwatzend
Im scheinbunten Kugelglanz stehen
Das Fest erhöht den Gänsepreis
Und taube Augen
Blicken stumm aus Reh im Fell
So weihnachtlich und fromm...
Macht hoch die Tür enteist den Drang
Zum Superkauf
Im Dauerlauf so feierlich
Beim Kassenklang
Die Stille Nacht piätalgisch
Halbstündlich
Abgespult
Verkriecht sich leis in Traurigkeit
Im Blick des goldgelockten Engels
Der plastikgelb zu fremd
Im Büßerhemd
Im hellen Fenster steht
Es schneit ganz bunt
Und weiß nicht mehr
Warum

Wohin.

# Weihnachtsüberraschung

Gaby Scheeder

„Ich bekomme zu Weihnachten ein ganz tolles Geschenk," erzählt mir ein Junge, „Ich hab es unbedingt gewollt. Es hat viel Geld gekostet. Meine Mutter hat es gestern mit mir gekauft!"
„Ach", sag ich, „dann ist es ja an Weihnachten keine Überraschung mehr, das wäre für mich kein schönes Weihnachten, so ohne Überraschung."
„Meine Oma hat es doch bezahlt", entgegnet mir der Kleine keck „ und die weiß nicht, was es ist, für die ist es dann eine Überraschung!"

# Winterschluss-Verkauf

Dieter Christian Ochs

Gestern das erste Schneeglöckchen...
Sonnenstaubkörnchen
Auf Eisblumentag...
Freundliches Atmen des Windes
Von ferne ein Kinderlachen.

Beschwingt lief ich los
Umarmte das Licht
Und den Wind
Sah mich um...

Menschen
Schauten in Warenhausfenster
Mit großen Augen
Vom Gehsteigrand

... und standen im Dunkel der Welt!

# Wunderwerk Weihnachtsbaum

Gisela Schäfer

Die meisten Zeitgenossen brauchen Stunden, um einen Tannenbaum zu kaufen; denn sie wollen nicht irgendeinen haben, sondern natürlich den schönsten, der erhältlich ist, und möglichst auch noch den preisgünstigsten! Mit solchen Problemen hat unser Freund Werner nichts zu schaffen. Ihm ist nur eins wichtig: Die Größe muss stimmen. Sie darf 1,50 m nicht überschreiten, da der Baum auf einem Tisch stehen soll. Also ist Werner immer mit einem Zollstock ausgerüstet, wenn er sich an die verantwortungsvolle Aufgabe des Baumkaufes gibt. Während die anderen Kunden sich eine Tanne oder Fichte nach der anderen aus dem Netz befreien lassen und sie, mit etlichen Metern Abstand prüfend, von allen Seiten begutachten, ehe sie sich nach langen Überlegungen entscheiden, fängt Werner an zu messen und nimmt gleich den ersten Baum, der die passende Größe hat, ohne ihn näher in Augenschein zu nehmen. Fassungslos schauen ihm die übrigen Tannenkäufer immer nach, wenn er das erstandene Stück in seinen Kofferraum lädt. Was sie nicht wissen, ist die Tatsache, dass Werner noch einen zweiten Teil der Aktion Tannenbaum, nämlich den, der auf den Kauf folgt, vor sich hat und dass dieser erheblich zeit- und arbeitsaufwändiger ist. Werner hilft nämlich der Natur, die ja nichts von mathematischen Abmessungen kennt, tüchtig nach. Nur wenige Äste halten seinem Schönheitsempfinden, das auf Symmetrie und Exaktheit angelegt ist, stand. So sägt er, bis auf wenige verbleibende, die Äste ab, bohrt an genau errechneten Stellen Löcher in den Stamm des Baumes und setzt hier das ein, was er woanders entfernt hat. Damit ist er mehrere Stunden beschäftigt; denn es dauert immer geraume Zeit, bis der Kleister, den er in die Löcher geschmiert hat, getrocknet ist und der neue Ast oder Zweig in der Stellung hält und belastbar ist. So lange muss Werner ihn festhalten, was seine Arme gar nicht so gut finden.

Meistens dauert es zwei Tage, bis unser Freund den Baum im Rohbau fertig hat. Ulrike, seine Frau, wartet immer geduldig, bis die Vorarbeiten getan sind. Sie holt unterdessen schon einmal den Christbaumschmuck aus dem Keller, was ja auch nicht in ein paar Minuten vonstatten geht. Zuvor aber muss sie sich entscheiden, welche Farbe sie dieses Jahr nehmen soll. Rot kommt nicht in Frage, das hatte sie im vorigen Jahr. Eine Weile schwankt sie zwischen blau, lila, weiß, rosa und orange, entscheidet sich dann aber für lila, weil es so gut zu ihrem neuen Kostüm passt.

Als Werner seine handwerkliche Arbeit erledigt hat und die nackte Tanne in mathematischer Gleichmäßigkeit die Äste von sich streckt, ist Ulrike an der Reihe mit der künstlerischen Feingestaltung. Sie beginnt mit den Kugeln, befestigt dazwischen violette Schleifen, bringt weiße Kerzen an – als Kontrast und weil lila Baumkerzen nicht zu haben sind – und hängt dann Unmengen von Kleinteilen an, alle im gleichen Farbton, Engelchen mit lila Flügeln, Kränzchen, Tannenzapfen, hölzerne Äpfel, kleine Pferde, Schlitten und was es sonst noch alles gibt.

Erstaunt betrachtete ich einmal all die sonderbar gefärbten Figürchen. „Hör mal, Ulrike“, fragte ich, „wo gibt es denn lila Obst und lila Tiere?“ „Nirgendwo“, sagte sie. „Die habe ich angemalt. Es muss doch alles farblich zusammenpassen.“

Ich lachte und dachte bei mir, dass Einheitlichkeit auf Kosten der Natürlichkeit nicht mein Ding wäre. Aber gleichzeitig wurde mir klar, dass mein stets bunter Christbaum sicher auch nicht jedem gefällt. Und eins musste ich zugeben: Als der Baum fertig geschmückt war, sah er großartig aus, umso mehr, als auch das Drumherum, Übergardinen, Sofakissen und Tischdecke, farblich abgestimmt war. Und als Werner erst die Deckenlampe ausgemacht und die Kerzen angezündet hatte, die mit ihrem hellen Schein alles verzauberten, standen wir alle in Ehrfurcht still vor dem Wunderwerk.

Ich habe mich nur sehr geschämt, weil ich mit meinem roten Pullover so unpassend von der farblichen Harmonie des Weihnachtszimmers abstach. Ich habe mich dann auch ziemlich schnell verabschiedet.

# Zapfentraum

Dieter Christian Ochs

Als Zapfen häng' ich wunderschön
An einem seid'nen Faden...
Kann nicht mehr hör'n das Waldgestöhn
Und seh'n den sauren Schaden.

Man hat mich einfach abgepflückt
Von meines Stammes Kron'...
Nun häng' ich warm und leicht ver-rückt
Am Weihnachtsbaum zum Lohn.

Zwar eingeschnürt und etwas schief
Und zwischen Plastikengeln...
Hoch über mir und auch ganz tief
Sich die Figuren drängeln.

Wenn ich so denk' an meinen Wald
Und an das Fichtensterben...
Da wird's unweihnachtlich mir kalt
Die Nadeln sich mir färben.

Und auch die Tanne, die mich trägt
Die stöhnt nun schon seit Tagen...
Sie nadelt ab und ist bewegt
Und hätt' noch so viel Fragen.

Als Fichtenzapfen ich verneig'
Vor'm Tannenbaum mich fromm...
W i e gern' hing ich an m e i n e m Zweig
Und träumt' vom Frühling schon.

# Zoff im Festkomittee

Gerhard Steil

Das Christkind und der Nikolaus,
die trugen ein Scharmützel aus.
Das Christkind rief: „Ick warne dir,
du fährst mir nicht mit Weizenbier.
Wer Schlitten fährt, der muss bedenken,
man sollte nie betrunken lenken".
Worauf der Nikolaus, betreten,
die frommen Sprüche sich verbeten
und kurzerhand die Weihnachtstour
allein und ohne Christkind fuhr.
In diesem Sinne, gebt fein Acht,
dass Euch das Leben Freude macht.
Ihr dürft getrost beim Bierchen bleiben,
nur sollt ihr niemals übertreiben.

# Zweigeteilter Christbaum

Ute Kleinschmidt

Um Geld zu sparen, hat Mama noch nie irgendwelche Mühen gescheut. Und so war sie auch sofort dabei, als ihr der Förster anbot, sich den eigenen Weihnachtsbaum im Wald auszusuchen, ihn abzuholzen und für eine kleine Spende an den Naturschutzverein mit nach Hause zu nehmen. Mama suchte sich einen wunderschön geraden Drei Meter Baum aus, denn es wurde ja nicht pro Längenmeter abgerechnet. Natürlich hatte sie ihre liebe Mühe, erst den dicken Stamm durchzusägen und dann das ellenlange Monstrum auch noch nach Hause zu schleppen. Mit arg zerschundenen Händen, aber wohlverdientem Stolz, stellte sie ihn auf die Terrasse, denn für das Einstielen war Papa zuständig. Bewaffnet mit Zollstock und Fuchsschwanz machte er sich gleich an die Arbeit und verwandelte den drei Meter großen Prachtbaum... in ein kümmerliches Etwas von ungefähr eineinhalb Metern. Als er den Baum durch die Terrassentür in die warme Stube zwängte, wurde Mama fast vom Schlag getroffen. Sprachlos zeigte sie nur immer wieder auf das mickrige Tännchen, während ihr dicke Tränen in die Augen traten. Doch sie erholte sich schnell von dem Schock, und ihre anfängliche Sprachlosigkeit schlug in ein solch wütendes Gezeter um, dass es noch zwei Straßenzüge weiter zu hören war. Diesen Wortlaut werde ich hier besser nicht wiedergeben, einzig die Erklärung, die mein Vater für dieses Missgeschick hatte: im dämmrigen Lichtschein der Terrassenbeleuchtung muss er wohl beim Absägen den Zollstock verkehrt herum gehalten haben. Der Streit drohte zu eskalieren und das ganze bevorstehende Weihnachtsfest gründlichst zu ruinieren. Deshalb packte sich Papa kurz entschlossen beide Teile des einst so prächtigen Tannenbaums und verschwand im Keller.
Aber es sollte trotzdem ein friedvolles Weihnachtsfest werden. Nachdem Papa nämlich einige Zeit in seinem Keller verbracht hatte, stellte er uns

einen wunderschönen Christbaum ins Wohnzimmer. Ein Baum dessen Fuß im Ständer fest auf der Erde stand und dessen Spitze fast die Zimmerdecke berührte. In seiner Not hatte Papa die eben noch falsch gekappten Enden des Stammes auf Gehrung geschnitten, wieder zusammengenagelt und die Schnittstelle mit ein paar angehefteten Ästchen verdeckt. All das hatte er so meisterhaft erledigt, dass selbst Mama keinen Grund mehr zum Mäkeln hatte. Übrigens war es der schönste Christbaum, der jemals in unserem Wohnzimmer stand und der mir auf ewig im Gedächtnis bleiben wird.

# Die Autoren

**Enno Ahrens** lebt in Springe/Deister. Aufgewachsen ist er auf einem niedersächsischen Bauernhof. Dann Umzug nach Hannover. Labortätigkeit. Versucht sich in allen Kurzformen der Schreibkunst. Zeichnet gelegentlich Cartoons. Veröffentlichungen seit 2003 von Kurzgeschichten, Gedichten und Haiku in diversen Verlags-Anthologien durch Teilnahme an Wettbewerben/Ausschreibungen.
Amenbi12@aol.com

**Sonja Bartl** lebt in Wien, ist ausgebildete Kindergärtnerin, verheiratet und hat zwei Söhne. Die Künstlerin war schon immer kreativ, hat viel gemalt, gezeichnet und gebastelt. Mehrere Jahre war sie mit ihren Arbeiten am Wiener Künstlermarkt vertreten. Bei zahlreichen Krankenhausaufenthalten fing sie an Gedichte und Kurzgeschichten für verschiedene Anlässe zu schreiben, die auf ihrer Homepage zu finden sind.
Beiträge in Anthologien:
Festtagsgeschichten, 2004, Wendepunkt Verlag,
Sternstunden und andere, 2005, Edition Wendepunkt,
Schmunzelwerkstatt, 2005, Wendepunkt Verlag
sonja@gedichte4u.edv-on.net
HP: http://gedichte4u.edv-on.net

**Willi Corsten** ist 1939 im Rheinland geboren und lebt heute im Spessart. Seine Kurzgeschichten, Gedichte, Satiren und Märchen wurden in Rundfunk und Fernsehen, in Hörbüchern, Kinderbüchern und rund 90 Anthologien veröffentlicht, u.a. im Rowohlt Verlag. Er schrieb das Buch ‘Behüte deinen Traum’ und ist Mitherausgeber eines Taschenbuches.
Willi.Corsten@t-online.de

**Arno Endler** ist 41 Jahre alt, glücklich verheiratet und hat zwei Kinder. Mit seiner Familie lebt er im Hunsrück und genießt das Landleben. Außer dem Schreiben gehört insbesonders das Lesen zu seinen Leidenschaften. Überwiegend schreibt er Kurzgeschichten, von denen, außer den beiden Weihnachtsgeschichten, noch weitere drei in den letzten Monaten in Anthologien aufgenommen wurden.
kontakt@arnoendler.de

**Lorenz Eyck** Jahrgang 1929, von Beruf Bäcker, war 40 Jahre lang Offizier der NVA der DDR. In dieser Zeit verfasste er als Mitglied einer Arbeitsgemeinschaft „Schreibende Soldaten“ Kurzgeschichten und Gedichte zum Soldatenalltag, die in der Wochenzeitung „Volksarmee“ veröffentlicht wurden. Nach seinem Ausscheiden aus dem aktiven Dienst widmet er sich weiter seinem Hobby und schreibt Gedichte und Kurzgeschichten unter anderem für das Anzeigenblatt seiner Heimatstadt Greußen/Thüringen. Seine Erinnerung an Kindheit und Jugend sind in dem Buch „Mein Greußen“ zusammengefasst.

**Regina Frischholz**, geb. 1954 in Weiden in der steinigen Oberpfalz. Tätigkeiten im Bank- und Bürowesen, was ihr nicht all zuviel Spaß machte, da ihr monotone Arbeiten und unflexible Arbeitszeiten verhasst sind. Hobbys: Lesen (viel und kunterbunt), Schreiben , Malen, Reisen (wenn Hund und Katze es zulassen), Wandern, verheiratet, zwei erwachsene Kinder.
Seit 2001 Inhaberin des Wendepunkt Verlages und seitdem rast- und ruhelos!
regina.frischholz@gmail.com

**Judith Frischholz**, seit 1982 aufgewachsen in einem „schreibenden Haus“, kam sie nicht umhin, auch selbst zur Feder zu greifen. Inspiriert durch ihren Golden Retriever „Whisky“, der immer viel Unsinn treibt, fing sie an Hundegeschichten zu schreiben. Das Malen und Zeichnen steht jedoch bei ihr im Vordergrund. Animiert durch ihre Arbeit mit Kindern als Ergotherapeutin, illustriert sie in regelmäßigen Abständen kleine Malbücher, die vierteljährig veröffentlicht werden.
Als sehr hilfreiche Stütze im Wendepunkt Verlag (Mädchen für alles!!!) kommt sie wahrscheinlich von kreativen Tätigkeiten im Buchbereich nie mehr ganz los.
frau.lustig@gmail.com

**Angela Gabel,** 1965 geboren, 3 Kinder, lebt im Mainzer Umland und arbeitet als Haushaltshilfe und stundenweise in einer christlichen Buchhandlung. Schreiben in jeglicher Form hilft ihr, ihre Gedanken aus dem Kopf zu bekommen und sie verlässt das Haus nur noch selten ohne Notizblock und Kugelschreiber. Nach vielen Höhen und Tiefen und heftigen Krisen pendelt sie nun recht zufrieden in ihrer Mitte und erlebt jeden neuen Tag als Chance für neue Herausforderungen.
anschipost@web.de www.e-stories.de

**Ursula Geiger** ist 1947 in Wien geboren und lebt auch dort, ist verheiratet und hat zwei Söhne und drei Enkeltöchter. Zu ihr gehört auch eine Rauhaardackelin und eine Perserkatze.
Gedichte schreibt sie seit 20 Jahren, Urlaub macht sie auf Thassos, seit 13 Jahren, also Griechenlandfan. Dichten, lesen, malen, basteln, handarbeiten, mit Freunden zusammen sitzen und fischen sind ihre Vorlieben.
ursula.geiger@chello.at
ugi-repage.de

**Heidrun Gemähling,** 1943 in Rastenburg /Ostpr. geboren, Hotelfachfrau, verheiratet, eine Tochter, wohnhaft in Nordhorn. Zwei Gedichtbände „Die Leiden Unschuldiger im Kosovokrieg und anderswo“ und „Im Strom der Zeit - Facetten des Lebens“ (beide 2001) veröffentlicht. Veröffentlichungen in Print-Medien, Rundfunk und im Internet.
info@lyrik-kriegundleben.de
www.lyrik-kriegundleben.de

**Yvonne Habenicht** geboren 1945 in Berlin. Hier wuchs sie auf und abgesehen von einigen Auslandsaufenthalten in Wien, Zürich und Moskau ist sie Berlin treu geblieben. Eine waschechte Berlinerin mit „Herz“ sozusagen. Beruflich war Yvonne in verschiedenen Arbeitsbereichen tätig, aktiv in der sozialen Kommunalpolitik Berlins und im Zeitungswesen. Yvonne ist eine Leseratte, begann in jungen Jahren zu schreiben und zu malen. Nach einigen privaten und beruflichen Veränderungen setzte sie ihren Wunsch, mehr zu schreiben, in die Tat um. Dabei richtet sie ihr Augenmerk besonders auf Begebenheiten und Vorkommnisse des alltäglichen Lebens und Menschen wie du du und ich. Neben der Arbeit an ihrem ersten Roman schrieb sie etliche veröffentlichte Kurzgeschichten und Kindergeschichten. y.habenicht@gmx.de

**Stefanie Heller**, staatl. gepr. Kinderpflegerin, staatl. anerkannte Gesundheits- u. Krankenpflegerin, seit 2000 Schriftstellertätigkeit, u. a. Gedichte und Kurzgeschichten, Veröffentlichungen in versch. Anthologien.
steffiheller@gmx.de

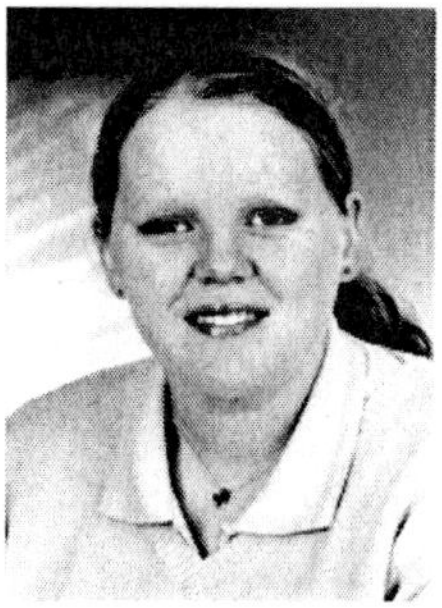

**Ursula Hörtig-Votteler**, geb. 1942 in Reutlingen, Bilanz-Buchhalterin i.R., verheiratet, zwei Söhne. Neben familiären Pflichten: Weiterbildung im kreativen Schreiben. Veröffentlichung in der Anthologie „Bibliothek deutschsprachiger Gedichte"; Lesungen im Verein oder privaten Bereich.

**Marielle T. Juneau** wurde irgendwann in den 70er Jahren in einem niederrheinischen Dorf geboren. Nach dem Abitur verschlug es sie jedoch schon bald nach Köln, wo sie mit Beginn ihres Studiums auch zugleich ihr schriftstellerisches Interesse entdeckte. Neben einigen Kurzkrimis wurde auch schon wenig später ihre erste Kurzgeschichte in einer Weihnachtsanthologie veröffentlicht. Derzeit schreibt sie an ihrem zweiten Buch (das erste liegt noch in der Schublade, soll aber noch in diesem Jahr auf die Reise gehen).
wintertale@gmx.de

**Sabine Kampermann**, Biologin, verheiratet, 2 Kinder
Bisher veröffentlichte Kurzgeschichten: 'Von Sonne und Schatten', Geest Verlag (Sonnensprung)
'Sinnlichkeit und Patiencen' bei Intrag Publishing (Erste
'Die Nacht der sprechenden Mäuse' bei CAM
Veröffentlichte Gedichte: 'Verlassen werden' in der Bibliothek deutschsprachiger Gedichte VII 'Der ewige Frühling' (Frühlingsgefühle) Hörbuch 'Schönheitsideal' (Das Helenasyndrom) Literaturpreise: 'Wehen' gewann den zweiten Preis des DeLia-Kurzgeschichtenwettbewerbs 2006 - 'Der Mord durch die Blume' belegte den 5. Platz des Wettbewerb 2006 der AK – Fantasiewerkstatt.
sabine@kampermann.de

**Ute Kleinschmidt**, geboren 1957, verheiratet und Mutter von drei erwachsenen Kindern lebt in Dormagen. In der Hauptsache beschreibt sie schmunzelnd und mit einem gehörigen Schuss Ironie ihren Alltag als Hausfrau und Mutter, aber auch ihre Mitmenschen und aktuelle Themen sind vor ihrem lockeren Humor nicht sicher.
Veröffentlichungen: Kurzgeschichten in verschiedenen Anthologien. Außerdem regelmäßige Kolumnen für eine Lokalzeitung
Ute.Kleinschmidt@t-online.de

**Margret Küllmar** 1950 geboren und auf einem Bauernhof in Nordhessen aufgewachsen. Nach der Schule Ausbildung in der Hauswirtschaft, heute Lehrerin an einer Berufsschule. Ihr Privatleben spielt sich weiterhin in sehr ländlicher Umgebung ab. Zusammen mit ihrem Mann wohnt sie in einem Fachwerkhaus, bewirtschaftet einen großen Garten und kümmert sich um Belange der dörflichen Gemeinschaft.
Geschrieben hat sie schon immer, zunächst Sketche, Gedichte und Büttenreden für Feste und seit ein paar Jahren Kurzgeschichten zu allen möglichen Themen.
kuellmar.margret@t-online.de

**Ursula Mayer** Jahrgang 1949, verheiratet, wohnt in einem kleinen Dorf im Kraichgau, liebt die Natur und ihre Jack Russel Hündin.
Schreiben und Lesen ist ihr Antidepressivum um den Alltag zu meistern.
schlosser-mayer@t-online.de

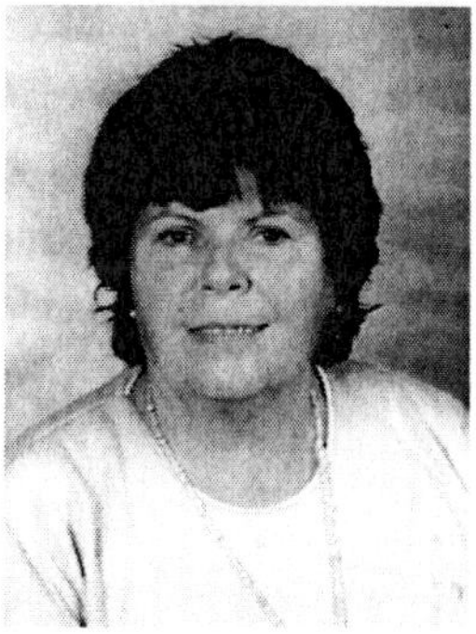

**Günther Melchert**, geb. 19.04.1936 in Köln. Personalfachmann und Wortautor. - Romane, kurze Prosa, Lyrik, dramat. Formen: Theaterstücke, Einakter, Hörspiele, Drehbücher für Film und TV - Text für Bildergeschichten und Comics - Lektorat und Übersetzungen - Mitherausgeber von Büchern und Broschüren - Mtgl. Literar. Kreise z.B. VS - 2005: Veröffentl. in mehreren Anthologien

**Rainer Meyer**, geb. 1958 in Bayreuth (Oberfranken), aufgewachsen in Eckartsreuth, Gem. Kirchenpingarten (Sprachgrenze zwischen Oberfranken und der Oberpfalz) - das merkt man heute noch, Beamter, verheiratet, ein Sohn, Hobby: Familien- und Heimatforschung, Geschichten schreiben

morajo@t-online.de

**Matthias Mross,** geboren 1964 in Freiburg i. Br., ist verheiratet und hat eine Tochter. Nach seinem Studium (Mathematik & Physik) war er Lehrer, Fabrikarbeiter, Kaufhausdetektiv und hat mehrere Jahre in Südfrankreich gelebt. Zurzeit sitzt er als Versicherungsmathematiker viel am Computer, nebenbei betätigt er sich als Märchenerzähler. Seine Gedichte und Kurzgeschichten erscheinen regelmäßig in diversen Anthologien. matmross@freeenet.de

**Dieter Chr. Ochs**, geb. 1950, von Beruf Altenpfleger, war Stationspfleger und Pflegedienstleiter in stationären Einrichtungen und seit 1997 Inhaber eines ambulanten Pflegedienstes.

Seine ersten beiden Lyrikbände entstanden 1986 und 1989 im Eigenverlag. 1996 und 1998 wurden zwei Lyrikbände über Fachbuchverlage veröffentlicht, die das Thema Altenpflege im Heim zum Inhalt hatten. 2003 brachte die DAK einen Sonderband mit einigen früheren Texten heraus.
2004 Veröffentlichung besinnlicher Gedichte in der Anthologie „Festtagsgeschichten“ im Wendepunkt Verlag. November 2005 Anthologie „genau so…“ im Wolkenreiter Verlag Kassel, wo schwerpunktmäßig besinnliche, lyrische Texte von ihm einen Teil des Bandes ausmachen. Beiträge in Form von Gedichten, Aphorismen und Kurzgeschichten in Tages-, Wochen- oder Fachzeitungen. Interviews in zwei Radiosendern.
Er freut sich nicht nur über Menschen, die ihm begegnen, sondern auch über Menschen, die ihm fernbleiben wollen. Beide Gruppen halten ihn ständig in d e r Spannung, die er braucht, um neue Texte entwickeln zu können.
AH-DO@t-online.de
www-ah-do.de

**Walter Pilsak**, Porzellanmaler, verh., zwei Söhne. Fotografiert seit über 40 Jahren in seiner Freizeit vorwiegend Natur-Motive. Daneben schreibt er noch Naturartikel für die unterschiedlichsten Publikationen, sowie ab und zu Kurzgeschichten. Seitdem er im (Un)Ruhestand ist, hat er erst so richtig Zeit für seine Hobbys: Musik, Fotografie und das Schreiben.
walter.pilsak@gmx.de

**Silvia Pommerening,** 32 Jahre, kommt aus der Pfalz, ist Hebamme in einem Krankenhaus und arbeitet nebenbei freiberuflich. Sie hat einen siebenjährigen Sohn. Als Hobby neben dem Schreiben gibt es bei ihr die Musik. Seit ca. sechs Jahren singt sie in einer Coverband namens "Coverup"

silf74@t-online.de www.coverup.de

**Maria Sassin**, geb.1963 in Rees/Rhein, lebt seit 1994 in Rommerskirchen bei Köln. Sie ist freiberufliche Dozentin für Sprachen und Kreativkurse bei VHS, Familienbildungswerk, Kindergarten, Ganztagsschule, verfasst Kurzgeschichten, Lyrik, Fantasy, Kinderbücher und übersetzt Bücher für ihre drei Kinder. Sie liest gerne, mag Kunst und Reisen. Aufnahme in die Siegeranthologie des Kurzkrimiwettbewerbs des Odenwaldkreises „Arsen und Kartöffelchen“, KBV 2006

Kurzgeschichten und Gedichte in Anthologien u. a. bei Wendepunkt, Ferst, RMP, Epla, KBV, Lerato u. in Literaturmagazinen

M.Sas@gmx.de www.autoren-zirkel.de

**Gisela Schäfer** wurde 1935 in Hagen geboren und war 35 Jahre als Lehrerin tätig. Geschrieben und gedichtet hat sie schon als Heranwachsende. Da sie Beruf und Familie (drei Kinder) aber sehr forderten, konnte sie ihrem Hobby erst wieder nach ihrer Pensionierung nachkommen. Ihre Genres sind Kurzgeschichten, Glossen, Satiren, spirituelle sowie Sachtexte, Märchen, Kindergeschichten, Haiku, Lyrik. - Veröffentlichungen: „Am Ende wird alles gut“ (Geschichten um den Tod) und „Peinlich, peinlich“ (Glossen). Außerdem 21 Bücher mit unterschiedlichen Themen und 10 Hefte mit Kindergeschichten in Eigenproduktion. Beiträge in Anthologien, Wochenschriften und auf Internet-Foren. hagischaefer@web.de

**Gaby Scheeder,** 1952 im Bayrischen Wald geboren, verheiratet, zwei erwachsene Söhne, arbeitet im Kindergarten und leitet dort das Projekt Sprachförderung. Schreiben als größtes Hobby, hat in verschiedenen Anthologien veröffentlicht: „Erzähl mir vom Glauben", Ernst Kaufmannverlag, „Fröhliche Weihnachten", „Gute Nachtgeschichten für Kinder", Liebeslyrik, Natur, Blumengrüße, Das Gedicht „Heimat" wurde im neusten Kraichgau-Bildband veröffentlicht.
Mit dem eigenen Mundartbuch: „Lass dich knuddle" auf Lesungen zu erleben.
fam.scheeder@gmx.de
www.gaby-scheeder.de

**Gabriele Schoenemann** wurde 1951 in Hagen aTW geboren. Sie absolvierte Schulzeit und Studium in Münster und arbeitete 30 Jahre als Realschullehrerin in den Fächern Mathematik und Englisch an verschiedenen Schulen in NRW. Seit 1990 lebt sie mit ihrer Familie im Kreis Neuss. 2001 erschien ihr Buch „Ich wünsch dir Glück" Gedichte und Reden zu besonderen Anlässen im Mauer Verlag.

**Siwak Florence** arbeitet als Verwaltungsangestellte. Ihre heimliche - oder unheimliche - Liebe gehört der Schriftstellerei, wobei sie ziemlich breit gefächertes Interessen hat. Sie hat schon einige Kurzkrimis veröffentlicht und ihr Wunsch ist es, mal d e n ultimativen Weihnachtskrimi zu schreiben.
Einige ihrer Geschichten und Gedichte hat sie bei e-stories veröffentlicht.
siwak@math.tu-berlin.de

**Gerhard Steil,** ist 54 Jahre alt. Für seinen Lebensunterhalt muss zurzeit noch die Deutsche Post AG aufkommen, an deren Expansionsbestrebungen er wahrscheinlich noch ein paar Jährchen mitarbeiten wird.
Zur Dichtkunst kam er eigentlich erst im zarten Alter von 47 Jahren. Irgendwann wurde es ihm zu langweilig in Sammelbändern von Busch und Co zu stöbern, so dass er es einfach selbst einmal versuchte. Als bald darauf das ein oder andere Gedicht in Zeitschriften und Anthologien abgedruckt wurde, hat das natürlich den kleinen Kick gegeben, um das Steckenpferd weiter zu treiben. Seine Schaffenskraft hält sich in überschaubaren Grenzen. Was aber sicherlich mit ein Grund dafür ist, dass seine Begeisterung für dieses Hobby noch eine Weile anhält.
gerhardsteil@t-online.de

**Renate Strang,** Jahrgang 1953, hat sich mit ihrem Sheltie „Charly" auf ein kleines Dorf im Oldenburger Land zurückgezogen. Bei ihren Streifzügen mit Hund und Fotoapparat lässt sie sich von der Natur und ihren Mitmenschen inspirieren. Die selbständige Werbetexterin schreibt vor allem Gedichte, von denen bereits einige in verschiedenen Anthologien veröffentlich wurden.
kontakt@renatestrang.de
www.renatestrang.de

**Peter Wolf** wurde 1926 in einer Großfamilie mit acht Geschwistern geboren. Mit 14 Jahren Lehre bei der Eisenbahn als Schlosser. Arbeitsdienst in Metz (Frankreich), danach an die Ostfront, russische Kriegsgefangenschaft. Durch Krankentransport wurde er schwerkrank nach Hause entlassen. 1998 Schlaganfall mit linksseitiger Lähmung. Lebt seit 2005 im Seniorenzentrum St. Josef in Weiden.